Lilou Marbais

Jusqu'au cœur des étoiles
Nouvelles

LE LYS BLEU
ÉDITIONS

© Lys Bleu Éditions – Lilou Marbais

ISBN : 979-10-377-4448-7

Le code de la propriété intellectuelle n'autorisant aux termes des paragraphes 2 et 3 de l'article L.122-5, d'une part, que les copies ou reproductions strictement réservées à l'usage privé du copiste et non destinées à une utilisation collective et, d'autre part, sous réserve du nom de l'auteur et de la source, que les analyses et les courtes citations justifiées par le caractère critique, polémique, pédagogique, scientifique ou d'information, toute représentation ou reproduction intégrale ou partielle, faite sans le consentement de l'auteur ou de ses ayants droit ou ayants cause, est illicite (article L.122-4). Cette représentation ou reproduction, par quelque procédé que ce soit, constituerait donc une contrefaçon sanctionnée par les articles L.335-2 et suivants du Code de la propriété intellectuelle.

Cœurs battants

Incipio

« Tu as du bon venin ? Tu es sûr de ne pas me faire souffrir longtemps ? »

Aux quatre coins de la planète, en même temps ; au même instant, au même moment. La longue litanie des suicides qui se préparent.

Se suicider, dans l'espoir de revenir au point de départ. « Il n'y a qu'un problème philosophique vraiment sérieux : c'est le suicide », a écrit Camus. Mais Durkheim avait voulu montrer qu'en fin de compte, ce n'était qu'une question de statistiques. Pur déterminisme social.

Statistiques ou philosophie de la tragédie ?

Ici, une adolescente paumée et alcoolisée qui hésite à se taillader.

Là, un homme dans la force de l'âge, en haut d'un pont, du létal côté du parapet, sur le point de sauter.

Et tant d'autres encore, des milliers, des millions sur tous les continents, à travers toutes les époques dont on peut se souvenir. À la corde, aux médicaments, à la dague effilée, au subtil poison, au train en marche, à la drogue ou à l'alcool (suicide bien lent !), au travail ou à l'oubli, des myriades de pauvres hères qui se tuent. Tant de sang, tant de cicatrices.

Tous ces êtres qui n'ont plus le courage, la volonté, la patience de m'attendre. Qui s'imaginent avoir l'audace, la témérité, la liberté de choisir le lieu, le moment, la manière dont je viendrai les cueillir. Si pathétiques, si touchants, si bravaches dans leur ultime rebuffade, leur ultime défi. Si courageux, si impressionnants, si effrayants. Ils ne me craignent plus, ou pire encore, je les terrorise et ils m'appellent cependant.

J'en ai rencontré, durant ma longue existence, des dizaines de milliers. Tous différents, tous semblables pourtant. Je me suis toujours targué de connaître mieux que n'importe qui (mieux que Dieu peut-être ! s'il existe) la nature humaine, mais ces êtres-là ont pour point commun de constituer pour moi un profond mystère, une énigme complète. Qui sait pour quels horizons ils partent quand je viens les chercher, vers quels nouveaux cieux vogue leur âme lorsque je viens les faucher ; mais là-bas, sans doute pourront-ils se vanter de déconcerter Thanatos lui-même. Je pense pouvoir affirmer, sans trop en rajouter, que c'est un joli petit fait d'armes, même si les vivants ne l'inscriront probablement jamais en tant que tels dans les annales.

Ce jour-là, les bateaux croisaient paisiblement, là-bas, au large ; le bleu de la mer tranchait sur celui, plus clair, plus éthéré, du ciel. L'immense étendue d'eau était constellée de taches blanches en mouvement, une peinture inversée de ciel nocturne. Assis sur le muret, je simulai une inspiration profonde à la mode humaine, pour bien m'imprégner de l'iode qui emplissait l'air. Je savourai une seconde de pause dans mon inlassable travail de coupe, de sape, d'élagage, appelez ça comme vous voudrez. Et oui, même Thanatos a le droit de souffler un petit peu, à défaut de congés payés, ou même de véritables pauses café. Ce n'est pas faute de râler, cela dit ; mais je ne sais pas vraiment à qui m'adresser, je ne me connais pas de patron, auprès de qui je pourrais m'indigner. Il faut bien comprendre que je ne suis que le bras armé du destin, et que je n'ai pas d'œil pour percevoir le corps auquel je suis probablement rattaché. Je suis une entité aveugle, qui tranche mécaniquement, parce que c'est l'unique but de mon existence (dans toute l'acception étrange que prend ce terme dans mon cas).

Donc, je me repaissais de ce spectacle paisible : pour parler en métaphores humaines contemporaines, je rechargeais un peu mes batteries avant de repartir pour une autre série infernale, une autre session de fauchage. Quand soudain, il fut là. Un petit garçon, c'est tout ce que je peux dire à son sujet ; je ne suis pas doué, moi, pour les descriptions physiques que les écrivains affectionnent tant. Un petit garçon assis à côté de moi sur le muret, qui me regarda droit dans les yeux, comme s'il pouvait effectivement me voir, et dit d'une voix claire et posée, en détachant soigneusement les syllabes de chaque mot : « Je veux mourir, moi. ».

Il n'avait ni l'air terrifié ni l'apparence de quelqu'un qui a tant souffert qu'il en devient las et résigné, qu'il ne fait plus que tendre l'autre joue en attendant l'ultime coup du destin. Il était simplement, calmement résolu, et ses grands yeux intelligents me transperçaient, comme s'ils comprenaient intimement et complètement la nature de mon être, comme s'il savait pertinemment de quoi il en retournait, comme s'il avait connaissance des moindres secrets de l'univers, des secrets auxquels moi-même je demeurerai à jamais hermétique. C'était la première fois que je rencontrais un être humain en paix avec lui-même, un être humain qui savait ce qu'il faisait. Il ne m'appelait ni par désespoir, ni par bravade, ni par résignation, ni par peur d'un sort pire encore ; aucune des raisons qui motivent habituellement les suicidés, qui donnent à leurs derniers regards un éclat particulier, ne pouvait s'appliquer à lui.

« Quand le mystère est trop impressionnant, on n'ose pas désobéir. »

Je me levai, prêt à faire ce qu'on me demandait. Le petit garçon suivit mon mouvement des yeux, imperturbable. Je songeai, en un éclair, à diverses figures de la littérature que les hommes apprécient tant ; indubitablement, il y avait en lui du Peter Pan, cet enfant qui refusait de grandir et d'entrer dans le monde si déprimant qu'ont érigé les adultes, siècle après siècle. Et puis, incarnation plus radicale, extrême sans doute, cette petite figure dorée comme les blés, qui illumina tant de cœurs asséchés, qui eut le courage d'incarner son refus dans l'acte ultime, cet anonyme Petit Prince que peignit un aviateur. Ce petit prince si divin et pourtant si vulnérable, si humain dans ses ultimes craintes, dans son rapport à son propre Thanatos, reptilien ; pour moi, il s'agit bien là d'une nouvelle figure christique née d'une nouvelle ère, une réinvention du sacré, des millénaires après. Pas étonnant que cet ouvrage talonne la Bible au palmarès des livres les plus vendus au monde... Quelle éclatante gloire posthume pour cet Antoine de Saint-Exupéry ! Quelle distinction au panthéon des écrivains ! Y pensait-il, là-haut, seul dans son avion, dans les ultimes minutes avant l'écrasement ? À quoi songent les hommes juste avant que je ne fende l'air de ma lame pour cueillir leur âme ? Ont-ils des regrets ? Ou simplement une vaste sérénité qui descend sur eux ? Et les suicidés ? Se repentent-ils de m'avoir tant appelé ?

***

Il rebouche son stylo, méticuleusement, et considère le texte face à lui d'un œil critique. Peut-on réellement appeler cela une nouvelle ? Ça se débat, ça se défend... C'est vraiment court, tout de même. Plus important, il n'y a pas vraiment d'action, la chute est inexistante... Ce n'est qu'une vague réflexion symbolique née de la figure du serpent. Peut-être, se flatte-t-il intérieurement pour rattraper son orgueil blessé, pour le consoler, le cajoler, après lui avoir lui-même infligé les cuisantes plaies, cela présente-t-il malgré tout un quelconque attrait poétique. La plume... La finesse du texte... La capacité d'hommage de l'ensemble. Oui, certes, mais il manque quelque chose. Seul, ça ne vaut rien. Ce texte demande à entrer en résonance, à pointer du doigt, à introduire tout un univers, tout un projet. Pourquoi pas une sorte de prologue, un modèle sur lequel se calquer, pas trop, évidemment, mais, oui, une étincelle, un début ?

Quoi, commencer un projet (cette seule idée le fait frissonner d'excitation, cela fait longtemps qu'il n'a pas osé se lancer, remettre un coup de collier pour s'épanouir, modestement, sans trop d'ambition puisqu'il faut bien être réaliste, dans la seule activité qui le fasse vibrer) par un texte si déprimant, où la Mort en personne tient la plume, où le sujet principal est noir comme le suicide ? Cela ne risque-t-il pas de rebuter le lecteur, avide de beaux soleils et de délassement ?

Mais après tout, la Mort, même si on préfère ne pas trop y penser, fait partie de la vie. Elle borne l'existence ; influe implicitement sur la moindre de nos actions. Elle est à l'horizon, sans aucun doute, de chacun de nos actes. Elle est une question constante. Elle fait partie de nous et de notre univers, au même titre que les étoiles...

Et puis, il aime bien l'idée de commencer par la fin.

Mouton noir

« S'il vous plaît… dessinez-moi un mouton. »

La commande fut enregistrée en plein milieu de la période de frénésie qui précède Noël, le 14 décembre. La mode avait été lancée quelques années plus tôt, et l'engouement, depuis, ne se démentait pas. Une affaire décidément bien juteuse, se disait le directeur de l'entreprise tous les matins (il est si facile de l'imaginer en train de se frotter les mains avec un rictus de satisfaction !). Tous les ans, des centaines de milliers d'androïdes domestiques sortaient de l'usine, avec, effectivement, un pic aux alentours de Noël. Le principe était simple, mais diablement efficace : vendre des androïdes de compagnie aux enfants qui se sentaient seuls, des compagnons de jeu indéfectibles, fidèles à travers les années, des versions incarnées du fameux ami imaginaire. Couplé à une stratégie de communication efficace, cela avait été un coup de maître : des milliers d'enfants seuls, délaissés, inadaptés au microcosme scolaire et à ses codes sociaux, privés de frères et sœurs, réclamaient leur androïde, promesse d'une confiance éternelle et d'une amitié résistante à n'importe quel assaut du temps.

La commande dont il est question ici n'avait rien d'exceptionnel. Un petit garçon boudeur et capricieux, revêche même avec ses parents, qui pleurait tous les soirs, en proie à de terribles cauchemars. Ses parents l'avaient convaincu, à force de cajoleries, que la source de tous ses maux, toutes ses angoisses, toute la solitude ineffable qui l'étouffait jour et nuit et qui le rendait si difficile, si inadapté à ce monde où les interactions sociales étaient tout, venait de son manque cruel d'amis autres que les livres dans lesquels il se réfugiait de plus en plus souvent, son refus même des êtres humains de son âge. On peut comprendre les parents : la mère était enceinte d'une petite fille. Elle voulait avoir du temps à se dégager pour ce nouvel être qui allait combler son instinct maternel d'une manière que Solal, ce marginal, cet étrange petit garçon à demi sauvage qui sortait pourtant de ses entrailles, n'avait jamais pu mettre en place, lui qu'elle avait nourri de son sein comme Clytemnestre avait nourri Oreste, lui qui lui inspirait une vague répugnance et une crainte instinctive. Et puis surtout, face aux soudains accès de violence du petit garçon, contre lui-même et contre les autres, le couple espérait trouver une solution qui n'éclabousse pas le bébé à venir, un exutoire réparable d'une manière dont les êtres de chair et d'os ne l'étaient pas.

Solal, mutique comme souvent, malgré ses huit ans, avait alors ajouté l'androïde à sa liste à destination du père Noël, avec réticence et résignation, comprenant confusément que ce serait de toute façon ce qu'il aurait, tout ce dont il faudrait se contenter, à mille lieues des dizaines de livres dont il rêvait.

Donc, le Noël de ses huit ans, Solal eut un androïde de compagnie, modèle AX450, le rêve de tous les enfants. Le patron en avait été dessiné selon ses indications : contrairement à d'autres enfants plus qu'impatients de modeler à leur gré leur futur meilleur ami, il l'avait fait uniquement parce qu'il y avait été obligé ; il s'était exprimé par monosyllabes et courts vocables. Pour un enfant qui accumulait tant de mots écrits par d'autres dans son cerveau, qui les emmagasinait dans ses neurones puis les collectionnait comme des pierres précieuses dans de petits carnets où il les recopiait minutieusement, c'était à la fois paradoxal et fascinant de s'exprimer si primairement.

On nomma le petit androïde Roméo : c'était une merveille de petit Italien au teint mat et aux profonds yeux vert olive, avec des cheveux aussi noirs que ceux de Solal, mais perpétuellement ébouriffés. Les parents immédiatement tombèrent sous le charme : un achat convaincant, une version améliorée de leur petit garçon, celui qu'ils avaient fantasmé, dont ils avaient rêvé avant d'être, sans vraiment oser se l'avouer, déçus de la réalité. Roméo était solaire, délicieux, toujours souriant, ou sur le point d'éclater de rire, un petit rire si délicat, si charmant ; il était dynamique, bavard, mais sans interrompre les adultes dans son impatience de déverser des mots, de communiquer des expériences. Il fut vite adopté, presque comme un membre à part entière de la famille.

Et le miracle survint : même Solal s'enticha de Roméo. Le jour de Noël, il le fixa longuement, bouche bée, comme surpris par l'inhumaine perfection des traits à laquelle tout le monde, sauf lui, s'attendait. Roméo le suivait partout, et cela, il n'osait s'en irriter. Il passa le réveillon à lire, tâchant du mieux qu'il pouvait de l'ignorer, mais il finit par succomber à la patience tranquille de Roméo. Et dès lors, ils ne se quittèrent plus, plus jamais. À vrai dire, par un curieux retournement de situation, le solitaire Solal refusait désormais de se rendre dans quelque lieu où Roméo n'était pas, lui qui autrefois fuyait, refusait toute compagnie. Il devenait prolixe en mots, lui autrefois si avare de paroles échangées avec ses pairs ; parfois, on le surprenait même à forger un timide sourire, au bénéfice exclusif de Roméo. Ce dernier était l'ami idéal pour Solal : confident patient, fidèle, qui se pliait sans discuter au moindre désir, au moindre caprice, même silencieux, même implicite. Forcément : la soumission parfaite était encodée en lui. Solal n'avait pas vraiment conscience de cette artificialité ; pour lui, Roméo était simplement un ange tombé du ciel, un être unique qui le comprenait, respirait au même rythme que lui, un être qui ne franchissait jamais par la force les limites de son petit monde, mais qui attendait patiemment d'y être invité. Enfin quelqu'un qui ne le bousculait pas. Qui ne le forçait pas. Qui ne le brutalisait pas.

Roméo était comme un adorable petit mouton qui faisait fi des épines, de la réticence de Solal, pour mieux l'approcher. Et Solal le laissait, Solal lui souriait, Solal le serrait dans ses bras, le pressait contre lui, cœur contre cœur.

Roméo était programmé pour que le tic-tac de sa machinerie bien huilée imite parfaitement le rythme d'un cœur humain. Il était même supposé accélérer ses battements à proximité d'un être qu'il devait aimer.

Alors voilà, Solal eut Roméo, en plus d'une petite sœur qu'il ignora superbement, et il grandit avec, toujours un peu rétif mais au moins apaisé, sous le regard rassuré de son père, rasséréné de sa mère. Roméo l'attendait, seul, toute la journée durant, pendant qu'il endurait péniblement ces heures interminables où on imposait au petit garçon de chair et d'os l'obligation scolaire. Et quand ils se retrouvaient, c'était toute une fête mystérieuse, silencieuse aux yeux de tous ceux qui étaient extérieurs au duo. La complicité était alchimique, elle allait bien plus loin, bien plus profondément que ce qu'on s'attendait à pouvoir créer avec une telle machine (toute perfectionnée fut-elle !). Même, parfois, les proches s'en inquiétaient, se troublaient, il faudrait peut-être l'emmener voir un psy, au cas où, on ne sait jamais, il y a quand même matière à s'inquiéter, ce n'est pas si normal de refuser à ce point de se séparer d'un tas de cellules synthétiques et de câbles connectés.

Mais ils grandirent, au même rythme, comme prévu ; Solal devint un bel adolescent ténébreux, Roméo un bel adolescent solaire. Deux contraires, deux images en miroir, l'une d'une perfection artificielle, l'autre nettement moins parfait. Au lycée, Roméo se mêlait, devant les grilles, à la foule des androïdes qui attendaient pour récupérer leur compagnon. Solal le guettait, cherchait son visage parmi la masse, et ne se fendait d'un sourire que lorsqu'il le trouvait. Ils passaient à présent de longues heures silencieuses, allongés côte à côte sur l'herbe douce du jardin, à contempler les nuages ou les étoiles. Seuls au monde, tout le reste s'effaçait, il n'existait plus rien d'autre. Rien d'autre que cette connexion que chaque minute approfondissait, cette compréhension immédiate et totale de l'intimité la plus enfouie, ce désir chaque jour un peu plus grand de se rejoindre physiquement et spirituellement, de se fondre l'un dans l'autre, de ne faire qu'un.

La main de Solal sur la cuisse de Roméo. Qui remonte, qui remonte.

Les souffles qui se mêlaient. Langues qui se déliaient, peau contre peau. Synthétique contre organique. L'osmose qui transcendait les barrières. Du moins le croyait-il.

Après tout, des androïdes, ces jours-ci, on en fabriquait pour tout et n'importe quoi. Les androïdes de compagnie pour adultes étaient très courus, alors la plupart des modèles, même ceux qui n'étaient pas initialement prévus pour cela (en vertu du fameux principe « on ne sait jamais ») étaient largement équipés de ce point de vue là. L'histoire de Solal n'avait rien d'extraordinaire, sous cet angle. Roméo avait tout, sentait tout, tout ce qu'il désirait, tout ce à quoi il aspirait. L'intelligence artificielle logée dans sa boîte crânienne le programmait pour donner tous les signes du désir, et même, de l'amour. Il répondait aux caresses, à l'épanchement pressant dans lequel se laissait couler l'adolescent, tout doucement. Après tout, il n'avait pas d'autre mission que de lui obéir.

Solal l'étreignait, dans le secret de sa chambre ou des bosquets, et il admirait cet être si parfait, le seul être qui comprenait la noirceur abyssale de son âme, ses tréfonds de solitude, sa douleur si intime et si ineffable, avec laquelle il était né, dont jamais il ne se débarrasserait. Ce seul être, unique au monde, qui avait été dessiné rien que pour lui, et qui avait achevé de le détourner du reste de l'univers. Car tout le monde s'inquiétait, désormais, d'une si grande proximité. Malsain, pas naturel, voilà ce qu'ils chuchotaient, tous. Qu'ils les laissent donc en paix ! Mais même les parents, qui s'étaient tant félicités, des années plus tôt, de leur idée de génie, voulaient à présent l'en éloigner. Qu'il s'ouvre au monde, qu'il fréquente de la chair et du sang ! La rupture, la confiscation devenait inévitable. Monde cruel, pensait Solal.

Ses parents avaient toujours su qu'il était différent. Trop taciturne, le sang un peu noir, un peu trop bileux sans doute. Eh bien, il allait leur montrer, tirer sa révérence avec élégance.

Ils avaient voulu lui faire croire qu'il avait une âme sœur, puis la lui retirer. Sortir le mouton de l'enclos, le laisser tout apprivoiser, faire tomber les épines, et puis l'abattre, le chasser. Fragile tragédie des cœurs noirs ! Solal retirerait lui-même la carte-mère de Roméo.

Et s'abreuverait d'absolu, en jouant un peu de la cybernétique, pour se l'incruster dans le crâne.

Plus jamais fleur fragile aux pauvres épines piétinées par ses supposés congénères, plus jamais mouton né d'un simple désir d'objet capable de pallier les défaillances de l'humanité. Mais hybride, jour et nuit, homme accompli, total et passionné. L'androgyne retrouvé. Peut-être était-ce cela, l'ultime destin de l'humanité.

Amor aciem praestringit

« C'est le temps que tu as perdu pour ta rose qui fait ta rose si importante. »

J'ai toujours vécu dans ce quartier et franchement, quelle plaie ! Que de gens laids, stupides, inintéressants, si tristement bornés ! Pour tout vous dire, moi, ça me déprimait. En plus, j'ouvrais ma porte et je voyais toute la misère du monde se déverser. En face et à côté, que des maisons délabrées, décrépies, aussi décaties que leurs habitants rabougris, aigris par la vie. Le pire, dans tout ça, était de savoir que je ne devais sans doute pas détonner au milieu de ce pitoyable tableau, dans ce pathétique paysage. J'étais exactement comme eux. Mais maintenant, je l'assume.

Mais les autres sont partis, alors que moi, je suis resté (je ne sais pas vraiment pourquoi ni comment), obstiné, accroché comme une moule à son rocher. Le temps a passé, et les maisons délaissées, désormais inoccupées, ont été rachetées par des gens riches, qui les ont rénovées du sous-sol au grenier, lorsqu'ils ne les démolissaient pas de fond en comble pour faire du flambant neuf : plus de style, plus de classe, plus d'allure, mais à l'intérieur (des murs, des yeux) toujours la même tristesse, la même misère. Cela dit, personnellement, je trouve que j'y gagne au change : la vue est tout de même, maintenant, nettement plus agréable, même s'il ne s'agit, en définitive, qu'une histoire de belles façades. Des bicoques aussi moisies que la mienne ont été détruites, rasées jusqu'aux fondations : à la place, de splendides villas aux murs blancs étincelants, aux immenses baies vitrées, aux piscines remplies d'une eau bleu été, bleu saphir, bleu promesse de délice. Tout un luxe de détails, de subtilités, assemblés d'une façon flagrante pour mieux étaler la richesse, le bonheur apparent, la petite vie bien rangée et heureuse de la famille fortunée modèle. Tout un luxe d'efforts pour cacher la ruine et le délabrement des cœurs rongés par tous ces maux si terriblement, si communément, si vulgairement humains ; croient-ils donc que tout leur argent pourra les racheter, pourra racheter le péché originel, même ? Bande d'abrutis. Je suis peut-être misanthrope, aigri, cynique, le cœur sec comme une vieille pierre, mais je ne m'en cache pas pour autant. Je suis un pauvre hère, loqueteux, miséreux, ils rêveraient de me faire expulser, de détruire ma masure pour que ne subsiste aucune tache dans le paysage, mais je suis mille fois plus honnête qu'eux.

Mes nouveaux voisins de gauche sont de cet acabit ; grande villa moderne parfaitement luxueuse ; piscine ET jacuzzi ; air arrogant placardé sur leur visage aux immenses yeux vides ; des cafards méprisants et méprisables nés avec une cuillère d'argent dans la gueule. Vous voulez que je vous dise ? Ils ont beau me coller des boutons à dix mètres de distance, rien qu'à leur vue, je dois avouer qu'ils m'amusent aussi terriblement. Leurs manières, leur air important… Tout pour faire croire qu'ils échappent à la bassesse de leurs congénères, alors qu'ils ne font que s'y enfoncer plus profondément.

La pension misérable que je reçois chaque mois grâce à l'immense miséricorde de l'État (vous noterez vous-même l'ironie dégoulinant de mon propos), du fait de mon statut de retraité, ainsi que mon absence totale d'intérêt pour un quelconque loisir (futilités que tout ça !) font donc que mon existence pathétique (mais moi, au moins, j'accorde ce point avec lucidité et de mon plein gré !) est vide de toute obligation : je n'ai pas plus de famille que d'amis, de loisir que de métier, je hante les murs suintant le salpêtre de mon infâme bicoque, et donc je n'ai définitivement rien de mieux à faire que d'épier mes voisins toute la sainte journée. Laissez-moi vous dire, au cas où vous ne l'auriez pas encore compris, que ce spectacle est infiniment plus divertissant que n'importe quelle pièce de théâtre, que n'importe quel film projeté au cinéma.

Ils sont quatre : d'abord Papa-Maman, le couple parfait évidemment, élégants (comme elle doit hanter les boutiques hors de prix, avec ses larges mains recourbées comme des serres !), bien conservés malgré leurs quarante ans passés, tous deux en capacité d'exhiber leurs carrières brillantes, leurs postes à hautes responsabilités (lui chirurgien renommé, elle illustre avocate), boivent du champagne en s'enorgueillant de leur bronzage impeccable en toute circonstance, organisent des réceptions huppées où ils se plaignent, devant la foule de parasites/amis envieux et perfides/relations professionnelles avec lesquelles il faut bien composer, de ce que la mairie n'ait toujours rien fait à mon sujet ; décidément, cette chaumière infecte (autant que son propriétaire, ce vieux croulant !) gâche tout le charme du quartier, c'est quasiment un crime de laisser ça tel quel ! Ils peuvent toujours essayer, ah ! Je suis indétrônable, indéboulonnable, mes yeux continueront à les suivre jusqu'à l'heure du Jugement Dernier !

Et ensuite, les deux enfants, gosses de riches bien proprets, jusqu'au bout des ongles. L'aînée, une belle adolescente qui joue à être plus mince que sa mère (beau duo d'anorexiques, si vous voulez mon humble avis !), qui s'en inspire dans le choix de vêtements et d'accessoires de marque pour frimer devant sa petite cour et régner sur le microcosme bien codifié de son lycée privé hors de prix. Le cadet, bon gamin, collégien BCBG, petit polo ou chemisette impeccablement repassée par la bonne Portugaise, indubitablement premier de classe, pour marcher dans la lignée des parents, avec en prime la coupe à la Justin Bieber ou que sais-je encore, pour faire craquer les minettes de douze ans. Tous les mêmes yeux, ces prunelles sombres et arrogantes qui rêveraient de ne plus voir ma misère, cette misère que moi, je ne m'abaisse pas à camoufler derrière des carrosseries étincelantes, des sacs Louis Vuitton et des murs trop blancs. Ma ruine, ma décrépitude, la bassesse tout humaine de mon âme, tout cela, je le revendique fièrement. C'est bien cela qui les effraie tant.

Papa et Maman ont des valeurs, c'est évident. Cela implique de maintenir un certain rang, le *social standing*, vous voyez. De ce fait, tout cette comédie est devenue infiniment plus drôle depuis quelques mois. En effet, Miss aînée parfaite a brusquement décidé de casser les codes, de braver tous les interdits, elle s'est amourachée du mauvais garçon, en tout cas pas assez bien pour ses parents. Depuis c'est la débandade, le raz-de-marée, le grand écroulement, l'édifice familial tout entier vacille. Disputes, cris, drames, je n'ai pas besoin de télévision, le spectacle de la porte d'à côté est tout aussi drôlement, superbement pitoyable ; leurs longues querelles sur la terrasse, au moment de leur traditionnel apéro soi-disant convivial (un prélude indispensable aux longues soirées d'été !), je n'en perds pas une miette. Après quelques incartades, la fille finit par être consignée ; elle ne le reverra pas, point final. Braver l'autorité parentale, se rebeller ; en aura-t-elle le cran ? Tout m'invite à penser que non, mais je garde l'œil alerte et l'oreille vigilante, on ne sait jamais ce qui peut arriver.

Et effectivement, je ne suis pas déçu, bien au contraire ! Par un bel après-midi d'été commence un nouvel épisode, au résumé pour le moins alléchant. Mon regard vagabonde à la fenêtre de la cuisine ; je n'épie pas activement, je laisse plutôt mes pensées aller, je ne m'ennuie pas vraiment. L'ennui n'existe que si l'on est susceptible de désirer faire quelque chose d'autre, mais que l'on s'en trouve brusquement, incongrûment incapable. Or, ma vie est vide, le grand néant, le gouffre béant, je ne vois pas d'intérêt à tout autre état de fait : donc, je ne m'ennuie jamais. Toujours est-il que soudain, mon regard est interpellé par une sombre silhouette qui se découpe nettement sur le ciel bleu. Je ne le connais pas, il détonne curieusement dans le paysage qui m'est familier depuis tant d'années. Ce n'est pas vestimentaire, ni même physique, c'est un air, une impression, une façon de se mouvoir ; tout en lui respire la conscience de l'interdit, la douloureuse inquiétude de qui risque à chaque instant d'être rejeté, renvoyé par ceux qui ne sont définitivement pas ses semblables. Il est jeune encore, lycéen, assez bien fait de sa personne : il ne me faut pas longtemps pour additionner deux et deux, à n'en pas douter c'est le petit copain. Aha. Je me redresse, affûte mon regard. Cela va devenir passionnant.

Il rôde, fait des repérages, inspecte les environs. Puis il se décide brusquement, escalade le muret, se hisse à la force des bras sur le toit du garage. Débute sur ces entrefaites un fascinant spectacle, un véritable numéro d'équilibriste ; c'est qu'il escalade vraiment les toits, le gamin ! Pour déboucher de l'autre côté, par le haut, sur le balcon de la demoiselle. De là où je suis, je n'en perds pas une miette : elle l'attend, ouvre sa baie vitrée, et la fait coulisser d'un geste fluide derrière lui. Le loup est dans la bergerie, et les pâtres n'en sont même pas conscients ! Je laisse échapper un ricanement. Il faut reconnaître que l'audace des jeunes gens est fort divertissante.

Les jours passent, l'été s'écoule paresseusement, et le petit manège se répète avec de subtiles variations, au gré des éclats de voix. Les parents ont des soupçons, parfois la mère guette, un véritable Cerbère des temps modernes. Mais toujours ce Roméo feinte, esquive, évite. Je dois reconnaître qu'il y a là-dedans un acharnement qui confine au génie. Moi qui pensais que ce n'était qu'une passade, une bravade de crise d'adolescence, un défi lancé à l'autorité et à la société, motivé par le désir bestial et rebelle de la jeunesse en fleur... jour après jour, je les observe, et peut-être... peut-être m'étais-je trompé. Peut-être que Shakespeare n'en rajoutait pas des caisses. Peut-être qu'il y a là-dessous un soupçon de Roméo et Juliette... Oui, les jours défilent et je les observe, je les espionne, je les épie, je scrute la moindre miette de leur idylle, le moindre éclat qu'ils veulent bien laisser entrevoir. Pour la première fois, je remarque que leurs yeux ne sont pas exactement les immondes et profonds puits de misère que j'imaginais ; il y brille aussi une certaine lumière.

Ce n'était pas une ridicule incartade de jeune en colère contre le monde entier : on dirait bien que ces deux-là se sont trouvés. Avec le temps, ils apprennent à se connaître, ils s'apprivoisent. Je pensais qu'ils perdaient bêtement leur temps, qu'ils gaspillaient leur été (surtout elle, avec tous les amusements coûteux qu'elle peut se permettre à longueur de journée !), leur liberté. J'ai eu tort.

Je les regarde, et pour la première fois, j'envie mes semblables. Je vomis le néant de ma vie.

Je me sens terriblement seul, je me suis toujours trompé, sur tout : la vie, l'amour et l'humanité. Et maintenant… la sentence est irrévocable : il est trop tard.

Eh bien, je me consolerai en me disant que pour ces deux jeunes amoureux, il y a encore de l'espoir.

La fille qui voulait devenir une sylphide

« Il tomba doucement comme tombe un arbre. Ça ne fit même pas de bruit, à cause du sable. »

Tu te dilues, petite fille qui refusa brusquement de grandir. Tu t'abrèges et tu te dissous. Goutte après goutte, gramme après gramme, tu t'éthères. Devenir plus légère que l'air, plus frêle que la brise qui agite délicatement tes fins cheveux blonds. Avoir la grâce, la pâleur immaculée, loin des lourdeurs et des rougeurs de la chair pétrie par les mains salaces. Te vêtir de voiles qui ne dissimuleraient que le néant, plutôt que ces lourds vêtements qu'on retire du regard pour juger tout à la fois, le corps, le cœur, l'âme.

Exhaler un souffle vaporeux et incarner la perfection enfantine et inaccessible.

Si tu avais su que pour cela, il faudrait avoir si froid !

Tu tourbillonnes sans relâche sur le parquet glacé. Entrechats, pointes, arabesques, toutes te fixent et t'envient, elles qui sont si lourdes, si pesantes. Alors tu te grises de refuser cette fatidique gravité, tu vis de toujours tourbillonner, enfant éternelle, petit génie des airs. Tu as bien fait de suivre les conseils, d'accepter les petits sacrifices. Ce n'est rien tout cela, de petits cailloux qui auraient pu te freiner, te clouer au sol, t'empêcher de t'envoler. Tu sais à quel point tu peux être déterminée, tu décides d'oublier toutes les difficultés.

Alors tu danses à l'infini, et gracieuse, jalousée, enviée par ces plantes grasses, tu ris.

Si tu avais su que pour cela, il faudrait être si lasse, le soir !

Tu aimes les mathématiques, les chiffres, leur froide rationalité, leur logique éthérée. Ils sont comme toi, ces nombres que tu esquisses délicatement au crayon de papier sur ton cahier aux pages lignées. Ils te reflètent, ils t'expriment mieux que tout au monde, ces chiffres qui exhibent ta réussite, alors que chaque jour tu diminues un peu plus. Ces lignes droites, ces angles que tu fais chaque jour plus saillants, ces arrondis que tu estompes au profit de bâtonnets, c'est toi que tu dessines dans ton carnet. Les chiffres, ça, en revanche, tu ne te lasses jamais de les contempler, de les côtoyer, toi qui supportes de moins en moins les autres, ces autres si lourds, si faibles, qui veulent t'empêcher de voler.

Si tu avais su que pour cela, il faudrait être si seule !

Tu les regardes, ces adultes désenchantés, désabusés, et tu te félicites de ne pas être comme eux. De tout faire pour ne jamais le devenir. Toi tu seras légère, tu planeras au-dessus de leurs petits problèmes déprimants. Si légère que tu les survoleras, de loin, que jamais tu ne perdras ta vision d'ensemble. Toi, tu sauras toujours rire, t'amuser, danser. L'insouciance éternelle d'une petite fille, par une chaude journée d'été, par un matin d'hiver enneigé. Tu n'aspires qu'à cela, sans jamais voir qu'éthérée rime aussi avec « trop faible pour soulever n'importe quel poids, trop frêle pour supporter le moindre coup de vent ». Tu entres dans le bureau de ta mère par hasard, tu cherches quelque chose, un petit rien du quotidien, tu ne sais même plus quoi, une feuille de papier ou une clé USB, et soudain ton regard s'arrête sur la bibliothèque, parcourt les tranches de ces livres que tu as souvent contemplés sans jamais les toucher. Il est là, encore une fois, ce titre qui t'a toujours frappée, intriguée. Tu vas peut-être l'emprunter, pour une fois, dévorée par la curiosité. Kundera, *L'insoutenable légèreté de l'être*. C'est bien un adulte, dans tout ce qu'il y a de plus aigri, désenchanté, pour oser penser que la légèreté puisse devenir insoutenable !

Si tu avais su que, malgré son grand âge, ce romancier avait raison !

Tu n'aspires plus qu'à la délicate mélodie du silence et des chuchotis ; les sons trop forts blessent tes oreilles. En premier lieu, les cris de tes parents. Tu les hais de vouloir te modeler à leur image. Et tu compares. Sans cesse. Leurs chairs molles et fades, leurs corps si pesants qui pour donner la vie ont fait un pacte avec le temps et en paient maintenant le prix. Face à cela, ton corps, celui que tu as sculpté pour échapper au fardeau des années et à la gravité. Seuls les os sont à la fois assez légers et permanents. Et puis leurs assiettes, si pleines, trop pleines de cette nourriture charnelle, elle aussi trop dense et périssable ! Eux s'en gorgent le ventre, s'en bourrent, s'en fourrent, inconscients des dangers. Toi, tu préfères le néant, le vide qui lui permet de toujours flotter, le ventre creux. Il faut bien être moins dense que l'air pour décoller. Il ne faut aucune entrave, aucun poids pour ancrer dans le sol. Le corps est bien trop lourd pour rejoindre son étoile.

Si tu avais su que tout ce que tu faisais, c'était rejouer la tragédie de Saint-Exupéry !

Tu les écoutes crier et tu voudrais fuir. Danser dans les airs comme la sylphide que tu avais rêvé de devenir. Tu en as assez. Assez de les entendre écorcher tes oreilles martyrisées. Les adultes ne comprennent jamais rien, de toute façon. Ils veulent te forcer à rester. À cesser de tourbillonner sans trêve ni répit. Ils veulent t'alourdir, t'enchaîner à cette terre aussi molle et humide que ces mets qu'ils te préparent et que tu abhorres, aussi molle et humide que toute cette chair fatiguée.
Mais toi, tu prends ton élan et tu décolles. Si tu avais encore la force de lancer ton rire, comme un délicat carillon ! Ce rire cristallin qui avait été ton étendard, ton pavillon, et qui s'étrangle dans ta gorge à mesure que tu t'envoles, que tu décolles. Être libre enfin. Éthérée, tu t'abrèges, tu te dissous et tu te dilues dans l'air, comme le sucre dans l'eau.

Si tu avais su quel serait le déchirement !

Pour s'envoler et gagner le néant infini des étoiles, il fallait bien quelques sacrifices. Tu voulais tellement obtenir le premier rôle de ce ballet, être la sylphide aérienne que tout le monde admire, poursuit et envie. Virevolter sur le parquet ciré devant des dizaines de paires d'yeux émerveillées. Tu voulais tellement incarner cet idéal, en faire ton mode de vie, à toi aussi. Pour cela, tu as accepté de te détacher de tous ces fardeaux trop humains : tes amis, ta famille, ton appétit, ta chaleur, ton sang, tes cheveux et ton rire, ton corps enfin. Enfin tu t'élances définitivement et tu t'arraches à ces os eux-mêmes devenus trop pesants.

Et, sylphide enfin complètement métamorphosée, tu laisses derrière, comme unique trace de ton passage, ton corps décharné. Il tombe doucement. Il ne fait même pas de bruit. C'est que tu l'avais bien travaillé. Tu l'avais bien éthéré.

Mais, toi qui avais voulu devenir une sylphide, tu ignorais encore tant.

Si tu avais su que les sylphides sont plus fugaces que la chair !

Si tu avais su que ces mélancoliques créatures éthérées sont condamnées à oublier la joie de vivre et à se dissoudre dans le plus petit souffle, versions aériennes de ces roses trop éphémères !

À nos rêves d'enfant

« Toutes les grandes personnes ont d'abord été des enfants. Mais peu d'entre elles s'en souviennent. »

Un jour, son père remarqua d'un air flatteur, en parcourant ses cahiers d'écolier : « Mais c'est qu'il est doué en maths, mon fiston ! C'est bien, plus tard tu auras un bon métier », et c'est comme ça que tout a commencé.

Effectivement, il avait un certain talent pour les mathématiques, alors, toujours sur les conseils de son père, qui voulait une bonne situation pour son fils chéri, il fit des études dans la finance et fut embauché par une grande banque renommée. À moins de trente ans, il avait tout gagné, et l'avenir s'annonçait radieux. Le jour où il reçut son premier bulletin de salaire, il emmena son père au restaurant. Un quatre étoiles, évidemment.

Son père avait eu raison : les mathématiques, pour réussir dans la vie, c'était très utile.

Ensuite, tout s'enchaîna très naturellement, comme si le jeune homme avait été lancé sur des rails bien entretenus, qui se déroulaient en ligne parfaitement rectiligne, pas une courbure, pas une inflexion, pas même légère : il avait rencontré une femme absolument charmante, avait fini par l'épouser (avec, évidemment, la demande stéréotypée, digne des plus grands classiques du cinéma : c'était un passage obligé), avait eu deux magnifiques enfants, et, entre-temps, une promotion. Le tout se passa à une vitesse folle, dans un tourbillon aux contours flous du rêve, dans une sorte de bonheur onirique et tranquille, paisible et pesant. Il se complaisait dans cette existence bien réglée, aux allures d'image d'Épinal remise au goût du jour. Il n'avait rien de plus à désirer, il ne lui manquait rien pour que son bonheur fût parfait. Il vivait en Charles Bovary, version améliorée, satisfait et même comblé.

Il se réveilla au matin de ses quarante ans. Comme ça, d'un coup, brusquement, l'abîme s'ouvrit sous ses pieds, le néant s'imposa à lui, et il se rendit compte du vide béant de sa vie. Il se réveilla, et soudain tout lui éclata à la figure.

Tout. Le voile finement tissé de mensonges dont il s'était soigneusement enveloppé, pour s'aveugler, lui apparut soudain pour ce qu'il était réellement, et, comme ça, impulsivement, il le déchira. Aujourd'hui, il avait quarante ans ; en moyenne, la moitié du chemin était parcourue, mais lorsqu'il se retournait pour contempler ce qu'il avait déjà derrière lui, il ne voyait rien. Rien qu'un vide abyssal et désespérant. Les souvenirs qu'il croyait heureux, et donc impérissables, commençaient déjà à s'estomper. Ne subsistaient plus que des fragments, des bribes éparses, qui bientôt, un jour, prochainement, seraient avalés par le néant également. Et il n'y pouvait rien. S'il mourait demain, que resterait-il de lui ? Après tout, les accidents arrivent bien plus fréquemment après quarante ans. Le cœur, les reins, le foie, le cerveau même, tout commence à lâcher plus facilement. C'est bien pour cela qu'on doit commencer à multiplier les examens médicaux.

Aujourd'hui, il avait quarante ans, et l'impression de ne pas les avoir vécus.

Toute la journée, il fut obnubilé par cet amer constat. Pour le reste du monde, son masque demeurait inchangé, mais à l'intérieur de lui, tout s'effondrait en un gigantesque éboulement qui ne laisserait bientôt plus que des miettes. Il cherchait pourtant, fouillait désespérément, en quête de quelque chose, n'importe quoi, un petit rien, qui puisse être sauvé, préservé du cataclysme. Et les heures défilaient, la journée suivait son cours, pour le reste du monde la Terre continuait de tourner, bien dans son axe, et lui ne retrouvait toujours rien.

Ça lui était venu comme ça, en coup de poing. Et maintenant, il fallait faire avec les dégâts. Les conséquences. Et la terrible question qui commençait à poindre, encore timidement, mais qui s'affirmait de minute en minute : et puis quoi, maintenant ?

Sa femme lui avait commandé, à la boulangerie, son gâteau préféré, un fraisier. Le gâteau débordait de crème et de fruits, toute une symphonie de blanc et de rouge, du moelleux... de la légèreté ? Pour la première fois, cela l'écœura. Cette lourdeur un peu moite de la génoise intercalée entre les couches de crème pâtissière, laquelle était fourrée de gros morceaux de fraise ne lui disait plus rien qui vaille. Cela lui semblait devoir être une métaphore de sa vie tout entière : un extérieur des plus engageants, choisi par habitude et par sécurité, qui ne dissimulait finalement qu'un intérieur répugnant. De bons ingrédients, mais un mélange qui ne valait plus rien, qu'on avait trop goûté, au point qu'on n'y trouvait plus aucun intérêt. Pourtant, il sourit, dit merci. L'air comblé. Il avait quarante ans, et tout ce dont on pouvait rêver. Alors pourquoi ce soudain abîme sous ses pieds ? Pourquoi, du jour au lendemain, tout se mettait-il à clocher ?

Dans un éclair paniqué, il songea même à aller consulter. Un psy, n'importe qui. Il n'y avait jamais vraiment cru, mais après une douzaine d'heures d'angoisse frénétique, il n'en pouvait déjà plus. Il était prêt à tout, n'importe quoi, pour se sortir de ce cauchemar, pour qu'on lui dise que ce n'était rien qu'un petit coup de blues lié à la quarantaine, une légère crise passagère qui l'aveuglait de manière temporaire, que, bien sûr que si, son existence avait un sens. Il paierait ce qu'on voudrait pour qu'on le rassure, pour qu'on le berce de paroles lénifiantes et réconfortantes. Tout, même des mensonges, même le retour aux illusions mille fois confortables, tout plutôt que cette angoisse rampante qui le menaçait, qui commençait déjà à le ronger, à tout dévorer.

Ce fut en soufflant ses bougies, un quatre et un zéro de cire blanche, qu'enfin, il trouva. Quelque chose à préserver, à sauver. Quelque chose bâtit sur du solide, sur du dur, quelque chose qui ne serait pas avalé par le néant.

Et en un éclair, à quarante ans, il se souvint qu'il avait été un enfant.

Un jour, très longtemps auparavant, il avait été un enfant. Un petit garçon insouciant. Son quotidien n'avait pas toujours été mécanique, fait de tâches à accomplir, de détails auxquels il fallait absolument penser, d'administratif, de famille et d'entreprise à faire tourner. Surtout, un jour, il n'avait pas pensé qu'aux chiffres. Dans ses études puis son métier, son quotidien : les impôts, le prix de l'école privée dans laquelle il avait inscrit ses propres enfants, et des cours de piano, le nombre d'heures supplémentaires, le poids de féculents à ingérer chaque jour pour rester en bonne santé, le temps qu'il fallait pour se rendre à son prochain rendez-vous, et j'en passe et des meilleures. Un jour lointain, il n'avait pas été absorbé par les mathématiques. Un jour, il avait eu une véritable passion, quelque chose qui le faisait vraiment vibrer, rêver. Une activité, un projet qu'il avait par la suite complètement occulté. Un conseil de son père, encore ; lui, il voulait le meilleur pour son fils chéri, et lorsqu'on est une grande personne, le meilleur, c'est une bonne situation, une belle vie telle que celle à laquelle il est finalement parvenu.

Sauf qu'un beau matin, surtout un matin d'anniversaire, on se réveille et on ouvre les yeux sur une existence complètement vide depuis qu'on est sorti de l'âge béni de l'enfance ; depuis qu'on a quitté ses rêves, ses aspirations, son intérêt pour les petites merveilles infimes, mais si précieuses, du monde. Sauf qu'un jour, brusquement, on se rappelle qu'on a été un enfant, et qu'en comparaison, la vie en tant que grande personne a été affreusement morne.

Bon, et maintenant ? Il souffla ses bougies sous les applaudissements de sa famille. Il reçut avec un sourire qui se voulait sincère ses cadeaux : une nouvelle montre (sûrement hors de prix), une place pour Roland Garros (il avait eu la sensation, ces dernières années, de se piquer d'intérêt pour le tennis), et un livre, le dernier roman à succès d'un auteur en vogue et classé dans les « lectures intellectuelles et distinguées ». Rien qu'il ne désirât vraiment, rien qui lui corresponde profondément. Encore une preuve du néant béant qui l'entourait, qu'il s'était construit lui-même. Sa famille le connaissait-elle vraiment ? Ou n'était-il qu'un mensonge, un imposteur, une illusion fabriquée de toutes pièces ?

Par où commencer, lorsqu'on s'est rendu compte que la seule chose de vraie dans sa vie est un souvenir depuis longtemps évanoui, une passion qu'on n'a pas eu le temps d'explorer ?

Peut-être que ce serait plus simple, effectivement, de se convaincre que ce n'était qu'un délire, tout cela, un simple délire né d'un petit coup de pompe à l'aube de sa quarante et unième année, à l'aube du deuxième versant de sa vie. Peut-être que ce serait plus simple de payer un psy, pour se persuader que tout allait bien, que tout était parfait. Cela n'affecterait personne d'autre que lui. Ça ne dérangerait personne à part lui. Mais comment oublier, maintenant ?

Le soir, lorsqu'il retourna se coucher, il se rendit compte qu'il ne pouvait plus retourner en arrière, et cette perspective lui donna le vertige. Il ne savait rien faire d'autre qu'être cet adulte, que se baigner dans les chiffres et avancer, comme dans un rêve, en pilote automatique. Il avait tout à apprendre de nouveau, avec, posé sur lui, le regard fixe du petit garçon qu'il avait été, et qu'il avait failli oublier à tout jamais.

Cela prit du temps, beaucoup de temps. Plus que ce à quoi il s'attendait. Ce fut difficile, il y eut des cris et des larmes, des coups durs et des coups bas, des jours de pluie infinie où les nuages gris crachaient leurs chagrins sur son dos, de l'incompréhension et des moqueries, des « mais tu es devenu fou, ma parole ! », des silences et des disputes, des « ne t'inquiète pas, ça lui passera, une bonne petite crise de la quarantaine » compatissants, chuchotés dans l'intention de rester discret, mais tout de même surpris au coin d'un couloir ; de l'éloignement et de la souffrance, et pire que tout, l'emportement de son père.

Mais il serra les dents, il continua à marcher, à avancer, sous la pluie battante qui le séparait encore de ses aspirations d'enfant. Il avait combattu le vide, le néant, l'éboulement, goutte à goutte, miette par miette. Il s'était accroché. Il avait continué.

Et il n'avait pas mis les pieds chez un seul psychologue, d'ailleurs. Il savait ce qu'il cherchait.

Et puis enfin, un matin, il se réveilla, et le vide environnant avait disparu. Il l'avait comblé, petit à petit, et sur le plancher désormais bien stable de sa vie, il avait assis le petit garçon dont il se souvenait, pour qu'il puisse assister à son triomphe.

Ce jour-là, il emmena son père au restaurant.

Dans *son* restaurant.

Jeux follets

« S'il te plaît... apprivoise-moi ! dit [le renard]. »

Et puis, tout a commencé comme ça.
Le vent dans les vagues, le vent dans mes boucles, mes boucles blondes, celles dont je suis si fier, celles que maman aime tant, elle les coiffe des heures durant. Elle me dit de ne pas bouger, ne pas bouger pour moi quelle difficulté, sauf pour me coiffer, mon père m'appelle son feu follet. Je ne tiens pas en place alors je me suis échappé même s'il ne voulait pas, même si la mer était agitée, même si la mer était grise, oh si grise, et les vagues qui roulaient. Elles lâchaient des torrents d'écume des paquets, ça faisait un chouette bruit comme un grondement de tambour, un raclement, un concert constant, d'enfer le concert comme dirait mon père. C'était marée basse et les rochers étaient dénudés, tout un terrain à explorer, j'étais un grand aventurier, je cherchais les coquillages, même les plus beaux, ceux qui sont plus hauts, forcément il fallait un peu escalader. No pain no gain dit souvent papa quand il parle anglais, ce qu'il ne fait qu'ici quand on rentre dans son pays, ici de l'autre côté de la mer, le long des falaises, la Manche je crois que c'est ce qu'il faut traverser pour y arriver, j'ai toujours pensé, drôle de nom pour

une mer. Donc j'escaladais, et puis soudain j'ai glissé et ma tête a cogné.

(Noir. Silence. Froid. Le bruit des vagues.)

Quand je me suis réveillé, j'étais couché sur la plage, de retour sur le sable humide. Il s'était infiltré dans mes vêtements, ce n'était pas très agréable. Je me suis relevé pour rentrer. Il faisait presque nuit, le ciel était moins gris, plus sombre. Dommage, j'aimais bien quand il était aussi anthracite que la mer en dessous de lui, quand à l'horizon les deux se mêlaient et se confondaient. J'avais probablement raté l'heure du dîner, maman allait sacrément s'énerver ! D'ailleurs, la marée était déjà remontée. Il faisait vraiment froid et c'était de moins en moins éclairé, si bien que je peinais à voir où j'allais. J'ai donc commencé à paniquer. Maman et Papa allaient s'inquiéter. Et si je ne retrouvais jamais le chemin de la maison ? J'avais atrocement froid et mon esprit engourdi se repassait en boucle mille et une histoires de petits garçons disparus sur les falaises, comme avalés par la mer. Je n'en avais jamais eu peur, moi, pourtant. Ce paysage dentelé, entre ciel et mer, j'y étais né, puis j'y avais grandi par intermittence, un peu tous les étés. J'ai lu un jour dans ma revue scientifique pour enfants préférée que nous étions tous faits d'atomes de carbone et d'oxygène principalement, des atomes que l'on peut aussi trouver dans le paysage qui nous entoure. Eh bien moi, je suis persuadé que dans mon corps se trouvent des atomes arrachés des rochers, des falaises, et projetés par l'écume des vagues. J'appartiens entièrement à cet endroit, je le sais, c'est inscrit en moi. Alors, pourquoi avais-je peur, maintenant ? Ce n'était pas la première fois que je me trouvais dehors à la nuit tombée. Mais là, le vent hurlait dans mes oreilles, les vagues grondaient dans mon dos, et j'eus la suffocante impression que quelque chose de terrible était arrivé. Je ne savais plus où j'étais, je me suis mis à courir et à pleurer, je ne savais plus où j'allais. Je criais, j'appelais, Papa, Maman, où êtes-vous, venez s'il vous plaît, je vous en supplie promis maintenant je vous écouterai je ne partirai plus tout seul sans vous prévenir pour aller pêcher des crabes et des coquillages !

— Tu veux bien arrêter de brailler comme un bébé ? fit, soudain, une voix indistincte, quelque part sur ma gauche.

Je me suis arrêté net. Dans ma panique, ma fuite effrénée (dans le trouble de mon esprit, dans la frénésie compulsive qui avait saisi les connexions de mes neurones, je pensai subitement, de façon totalement incongrue, à un dessin animé Disney que j'avais regardé il y avait de cela une éternité, sur notre vieux caméscope aujourd'hui mort et enterré, avec ma maman : Blanche-Neige, tout effarouchée, poussant des cris d'orfraie, fuyant à travers la forêt, parfaitement éperdue ; j'avais toujours détesté cette séquence), j'avais perdu toute notion de direction et surtout de temps. Maintenant, la lune brillait dans le ciel, énorme et brillante, monstrueuse, elle avait chassé les nuages et régnait en grande maîtresse sur l'immensité à présent dégagée. À côté d'elle, timidement, les étoiles s'allumaient, n'osaient vraiment rivaliser et risquer de faire de l'ombre à leur monumentale voisine. J'étais, ce soir-là, curieusement attentif à tous ces subtils détails, je comprenais confusément ce qui faisait la délicate harmonie qui unissait ce paysage, l'entente entre ses différents composants. Comme si je ne faisais qu'un avec cette nature sauvage qui pourtant m'effrayait.

J'ai regardé autour de moi, à la recherche de la personne qui m'avait si brusquement interpellé. Je ne voyais rien, mes yeux peinaient à percer l'obscurité qui m'entourait, jusqu'à ce qu'un petit garçon, d'à peu près mon âge, écarte et fend les ténèbres. Le clair de lune faisait miroiter sa peau pâle, ses yeux malicieux étincelaient, et sa chevelure rousse ébouriffée ressemblait à une petite flamme qui flamboierait directement sur son crâne. Cela m'a rappelé une image de la Bible illustrée que ma grand-mère m'avait donnée : les apôtres touchés par l'esprit divin, la flamme au-dessus de la tête, il ne manquait à mon nouveau comparse que l'air béatement (bêtement, je disais souvent en ricanant, poussé par un désir puéril et un peu cruel de me moquer, de blasphémer) inspiré.

Il m'a souri et a repris, plus posément :
— Salut. Moi, c'est Peter. Et toi ?

Je n'ai pas répondu, parce que je venais de me rappeler qu'il m'avait à l'instant traité de bébé et que je me devais donc d'être légèrement énervé. Mais il m'a souri, s'est rapproché, et son étrange et mystérieuse beauté a fait fondre mes réticences.

— Tu veux jouer avec moi ? m'a-t-il demandé.
— Non. Je suis désolé, mais je dois rentrer chez moi. Mes parents vont s'inquiéter.

Il a éclaté de rire, mais ce n'était pas moqueur. Peut-être même y avait-il là-dedans des éclats compatissants.

— Ils s'inquiètent déjà pour toi. À vrai dire, ils ont déjà appelé la police, mais ton corps n'a pas encore été retrouvé.
— Mon... corps ?

(Flash. Noir. Silence. Froid. Marée montante, vagues qui emportent ma dépouille, jouent avec, la brisent contre les rochers comme un pantin désarticulé. Plus d'oxygène dans mes poumons, plus d'air pour crier. L'eau salée dans ma gorge, je suffoque, crache, tousse, étouffe. Vivant mort entre les deux que ça s'arrête Maman s'il te plaît, viens me chercher...)

Peter a compris que la révélation me bouleversait (comment pourrait-il en être autrement ?), et il m'a déconseillé de chercher à rentrer à la maison. Plus personne ne peut te voir, a-t-il expliqué, à part moi, mais c'est parce que moi aussi je suis mort dans le coin, mais ce n'est pas si mal, tu verras, on rigole tout le temps, c'est drôle d'être un feu follet. Voir tes parents pleurer ne t'apportera rien, m'a-t-il affirmé, ça va juste te rendre malheureux comme eux. Mieux vaut garder d'eux un souvenir apaisé. Alors, tu viens jouer ?

Et j'ai cédé.

Peter était un bon guide, et puis j'ai fini par me dire qu'en fin de compte, ce n'était pas si mal. J'ai toujours adoré cet endroit, alors y passer l'éternité n'était pas vraiment une plaie. J'avais toujours appartenu au lieu. Les mois ont passé, mes parents éplorés sont rentrés en France, j'ai commencé à un peu les oublier. Parfois, une sourde mélancolie me frappait, mais mon compagnon faisait en sorte que cela ne dure jamais trop longtemps. Avec lui, chaque nouvelle nuit était une merveille recommencée, une suite infinie de jeux et de fantaisies, oui, un éternel recommencement. Nous ne nous ennuyions jamais. Nous avions nos petits rituels, peu à peu nous nous apprivoisions, jusqu'à vraiment devenir amis. Finalement, je n'étais pas si malheureux. Non, pas malheureux, pas du tout, non. Rien ne me manquait, rien, non.

(Vide dans la poitrine. Là où aurait dû se trouver mon cœur. Là où aurait dû battre mon cœur.)

Depuis que j'avais rencontré Peter, je n'avais jamais croisé, encore moins parlé à qui que ce soit d'autre. De temps à autre, nous voyions de loin quelques adultes vivants, qui se promenaient le long des falaises ou descendaient sur les plages et dans les criques, mais nous ne nous en approchions jamais. Ils n'étaient pas très intéressants. Un jour pourtant, à l'heure indécise où jour et nuit se mêlent dans un crépuscule gris et où chiens et loups se ressemblent indubitablement, Peter me donna un petit coup de coude et pointa du doigt une petite silhouette qui se dirigeait vers la plage, dans le lointain.

— Tu l'as vu ? a-t-il demandé d'un ton tout excité.

— On dirait qu'il a notre âge, j'ai constaté, même pas vaguement intéressé.

En effet, il était manifeste, à la vitalité de l'aura qui le nimbait, que c'était encore un vivant.

— Suivons-le !

J'aurais préféré jouer à cache-cache, comme nous avions convenu juste avant l'irruption soudaine de cet élément perturbateur, mais les yeux de Peter luisaient d'une telle excitation que j'ai cédé. Alors que nous marchions d'un bon pas pour rattraper le garçon, il ne disait plus rien. Moi non plus, car je ne savais pas vraiment quels mots prononcer face à son étrange fascination. Une fois sur la plage, nous observâmes le vivant escalader les rochers dévoilés par la mer, qui avait eu le bon goût de se retirer, et le corps (si on pouvait appeler cela ainsi) de Peter frémissait d'excitation.

— Allez, viens ! s'est-il exclamé tandis que le garçon s'approchait d'un passage visiblement risqué. Tu ne trouves pas que c'est ennuyeux, les jeux à deux ? À trois, on sera mieux.

Et il s'est précipité pour pousser le garçon. Je ne sais comment, ses mains désincarnées l'ont touché, le garçon a glissé et sa tête a cogné.

Peter a regardé le sang sur les rochers, le corps étendu que bientôt la mer viendrait réclamer, et il a ricané.

— Plus qu'à attendre qu'il vienne brailler, maintenant. Ah, depuis le temps que je rêve d'un deuxième ami à apprivoiser !

L'étincelle féconde

« Quand tu regarderas le ciel, la nuit, puisque j'habiterai dans l'une d'elles, puisque je rirai dans l'une d'elles, alors ce sera pour toi comme si riaient toutes les étoiles. Tu auras, toi, des étoiles qui savent rire ! »

Par un tendre après-midi d'été, un de ces après-midi privilégiés où l'on échappe à la chaleur suffocante et écrasante, tant redoutée, pour se contenter d'une tiédeur à peine réchauffée, un air un peu moite, pas franchement désagréable, qu'on dirait tout juste passé au micro-ondes par le Créateur (la licence poétique autorise en effet à se positionner et à adopter, pour les besoins de l'image, des postulats métaphysiques auxquels l'auteur lui-même n'adhère pas forcément) pour exciter un peu ses molécules et ne pas trop déroger à l'appellation strictement contrôlée « été », par un après-midi de ce style, donc, Isabelle vit débouler des profondeurs obscures de sa librairie favorite, dont elle hantait très régulièrement les allées et à qui elle assurait, à elle seule, un bon petit chiffre d'affaires, une étrange silhouette.

Isabelle n'y voyait pas très clair ; elle chaussa ses lunettes, qu'elle avait ôtées dans le feu de l'échange de dernières amabilités avec la libraire, et sa vision se précisa. C'était en fait une adolescente filiforme, aux muscles saillants, contractés par l'effort, qui soulevait sur ses bras repliés comme des tréteaux une énorme pile de livres. Il devait y en avoir une douzaine au bas mot, dont certains de jolie taille. Isabelle reconnut immédiatement là une comparse, une camarade, une compagne d'armes, une âme sœur, en bref, une autre amoureuse des livres.

L'adolescente déposa sur le comptoir son précieux chargement, agrémenté d'un « Bonjour ! » clair et souriant. La libraire commença à scanner les codes-barres, et, n'y tenant plus, Isabelle se rapprocha d'un pas.

— Vous permettez que je jette un œil ? Oui, je sais, je suis affreusement curieuse, mais bon, vous savez ce que c'est, quand on aime lire, on se plaît à s'inspirer, aux découvertes…

— Avec plaisir, répondit la jeune fille. Il y a un peu de tout, moi aussi j'aime faire des découvertes. Et voyager !

Il y avait de quoi, en effet ! Les cinq premiers livres étaient tout droit venus d'Asie : un Tourgueniev (« il faut vraiment que je commence la littérature russe, commenta l'adolescente, et vu que Maupassant admirait beaucoup Tourgueniev, je me suis dit que c'était un gage de qualité »), deux auteurs chinois, dont un recueil de nouvelles du monumental Lu Xun, un roman d'une auteure coréenne qu'Isabelle ne connaissait pas du tout (« je l'ai pris à cause du titre, vous voyez, *Leçons de grec*, je suis moi-même passionnée, et étudiante en lettres classiques ») et un recueil de contes en provenance directe du folklore japonais. Les trois suivants franchissaient le Pacifique pour rejoindre les États-Unis, le Sud tout d'abord avec une édition en deux tomes d'*Autant en emporte le vent* (« c'est une lecture controversée que vous avez là », nota en passant Isabelle), puis la côte Est avec le non moins célèbre Fitzgerald et son *Tendre est la nuit* (« *The Great Gatsby* est un de mes livres préférés, alors je voulais

découvrir d'autres œuvres de lui », expliqua la jeune fille).
Enfin, on retournait en France avec les quatre derniers : *Une gourmandise*, de Muriel Barbery ; un Kundera, évidemment ; et deux monuments très orientés « lettres classiques », avec *Les Mémoires d'Hadrien* de Yourcenar et *Aurélien* d'Aragon.

— Et vous tenez combien de temps avec tout ça ? Une semaine ? blagua Isabelle.

— Oh, ça dépend, je compte bien passer à la médiathèque entre temps, ça délayera un petit peu tout ça, je pense.

Elle payait en même temps, l'air indifférente au montant pourtant plutôt respectable. Il se dégageait de toute sa personne une sorte de mystère, un charme envoûtant, quelque chose d'indéfinissable qui irradiait de tout son être, dans chacun de ses gestes. Et diablement accessible pourtant, souriante, aimable, le contact facile, le dialogue fluide. Un vrai plaisir de dialoguer avec une personne comme ça !

D'ailleurs, elles n'arrêtèrent pas. Une fois lancées, elles discutèrent des heures durant, littéralement. Isabelle lui proposa de la raccompagner jusque chez elle pour lui offrir un café, un thé, enfin ce qui lui plairait. La jeune fille accepta, elle n'était pas pressée, rien de prévu à l'horizon, aucune obligation. Littérature, voyages, études, famille, tout y passait. Isabelle découvrait, chaque minute un peu plus, une personne charmante, intelligente, cultivée, polie, serviable. Ça existait donc encore, des jeunes comme ça ! Lorsqu'elles se quittèrent, les quelques relents de chaleur finissaient de tomber, et le ciel commençait délicatement à tirer sur le bleu pâle, le rose et le mauve, un subtil camaïeu de teintes douces. Elles échangèrent les coordonnées traditionnelles, nom, prénom, numéro de téléphone, email, en se jurant bien entendu de se recontacter. L'adolescente s'appelait Rose. C'est un joli prénom, songea Isabelle, ça lui va bien.

Rose rentra chez elle et la vie reprit son cours. Les lectures, les sorties entre amis, la piscine, les promenades, rien que son chien et elle... le quotidien tranquille d'un été en fleur. L'écriture, aussi. Car Rose écrivait, passionnément, convulsivement, compulsivement, comme on saigne, comme on respire, comme le cœur bat. Des mots par milliers qu'elle déversait sur les pages crémeuses et lignées de ses carnets, qu'elle collectionnait avec le soin d'une philatéliste. Son écriture fine hantait les papiers, dessinait des univers et des caractères, des silhouettes d'encre qu'elle voulait plus opaques et plus vraies que nature, et dont elle espérait percer les secrets. Traquer le cœur, l'essence de la nature humaine, c'était le grand objectif, ambitieux à n'en pas douter, qu'elle s'était fixé.

Ses impulsions à prendre la plume étaient spasmodiques, souvent les textes finissaient fragmentaires et fragmentés, des odes à l'incomplétude, elle s'accusait de ne pas avoir le souffle nécessaire pour la grande œuvre dont elle rêvait. Le roman qu'elle souhaitait tracer à l'encre de ses larmes et de son sang, cette grande épopée, cette odyssée des douleurs et des joies humaines qu'elle projetait semblait la fuir inlassablement et se refuser à elle.

Mais elle ne cessait de penser à (en plus de discuter avec) Isabelle, et son regard pétillant ne paraissait jamais devoir la quitter. Comme si cette rencontre était un signal, l'événement déclencheur qui lui avait toujours manqué. À mesure qu'elles se découvraient, échangeaient, s'apprivoisaient, la jeune fille sentit confusément s'épanouir de façon de plus en plus éclatante l'impression qu'il *fallait* qu'elle reprenne la plume, qu'il y avait là quelque chose à exploiter. Le grand sujet.

Depuis toute petite, elle était fascinée par le contact, l'échange humain spontané, cette étincelle d'amitié née des circonstances les plus étranges et variées, ce contact brusque et fertile entre deux âmes lumineuses qui seul lui paraissait capable de lui redonner foi en l'humanité. Les rencontres intergénérationnelles, et incongrues, au hasard des chemins et des lieux, au détour des allées. Elle en avait tant rêvé, de ces chocs de météores d'où naissaient des liens indéfectibles, elle qui trop souvent avait eu toutes les peines du monde à sympathiser et à tisser des liens avec ceux de son âge ! Et voilà que soudain, à l'aube de l'été, cette perspective soudain s'incarnait, enfin c'était son tour, enfin elle y goûtait. Ce simple constat lui donnait le vertige, la faisait tourbillonner. Pour elle, enfin, une véritable amitié, tout droit issue du contact entre deux âmes semblables, et qu'importait si quarante ans les séparaient ? C'était son tour, après les ersatz, les palliatifs, et la solitude écrasante, pendant de trop longues années.

Ce n'était pas grand-chose, une rencontre, une étincelle, deux chemins qui se rejoignent, se touchent. Mais c'était aussi tant de choses.

Un signe.

Un espoir.

Elle avait pleuré, elle avait saigné, parfois (trop souvent), de son propre fait. Elle avait hurlé, elle avait supplié, que tout s'arrête, s'il vous plaît. Elle avait imploré qu'on s'intéresse à elle, et surtout, qu'on la comprenne.

Ce n'était qu'une rencontre, une amitié, mais c'était aussi le début de quelque chose de nouveau, et un nouveau début. Inauguré en cette aube d'été, en cette aube de l'ère de la liberté.

Alors un matin, elle prit la plume et commença ainsi son voyage, son projet, le roman à naître : « Par un tendre après-midi d'été, un de ces après-midi privilégiés... »

Cœurs rocheux

Longue vie au roi !

« L'autorité repose d'abord sur la raison. Si tu ordonnes à ton peuple d'aller se jeter à la mer, il fera la révolution. »

Chaque réveil est plus rude que le précédent. Le froid humide d'octobre s'insinue dans mes habits rapiécés, perce jusqu'à mes articulations, et les ronge de l'intérieur. Elles craquent et grincent autant qu'une porte mal huilée. Un jour prochain, elles se coinceront. La misère et la vieillesse auront raison d'elles.

Je n'ai même pas assez pour me rendre chez un médecin. Je n'ai même pas assez pour manger à ma faim. Cela ne fait que trois mois, pourtant. Je n'aurais jamais pu imaginer qu'il suffirait de si peu de temps pour m'étioler. Pour que tout se détériore. Jusqu'à il y a trois mois, j'avais une santé de fer. Ou alors, trop de médecins à mon service pour m'en rendre compte. En trois mois, les années m'ont rattrapé. Ma vie a achevé de se déliter.

Je me lève péniblement, plisse les yeux pour essayer de discerner les contours de mon minuscule réduit. Ma vue baisse aussi. La faible luminosité n'aide pas, pour être honnête. Jamais mes pupilles n'ont été habituées à l'obscurité. J'ai baigné toute ma vie dans la lumière. Le faste des fêtes et le doux éclat des chandelles. Les lueurs tamisées projetées par les bijoux des femmes, et les violentes flammes de mon pouvoir.

On ne peut s'accoutumer à la pénombre, lorsqu'on a passé son existence à régner sur le monde.

J'étais le monarque le plus puissant du continent. Mon royaume était florissant, la plaque tournante du monde civilisé. Les villes les plus importantes en étaient des joyaux architecturaux et commerciaux. Ma cour impulsait les modes de tous les pays autour, les jeux de pouvoir se déroulaient sous mes yeux dans le seul but de me divertir, je jouais des gens et même des peuples comme de pièces sur un échiquier. On m'admirait, on m'adulait, on tremblait sous le poids de mon regard. Je n'avais qu'un mot à dire pour faire la pluie et le beau temps, pour administrer la vie et la mort. J'étais le centre d'une danse incessante de courtisans, un orchestre dont j'étais le chef. Les duels cachés, les mots pleins de fiel, les réceptions tape-à-l'œil, tous ces artifices se déployaient dans l'unique but de me plaire.

Maintenant, au mieux, on m'ignore. Sinon, on me crache dessus. Et ce n'est que parce que j'ai réussi à demeurer anonyme. Je ne suis plus qu'un cloporte, un insecte répugnant, de ceux qui grouillent, infâmes, sales, débraillés, dans les bas-fonds de la capitale, dans ces quartiers dont j'avais toujours négligé l'existence. Mendier, c'est le moyen le plus sûr de survivre. Malgré les coups et les injures, on ne s'arrête jamais assez longtemps pour me dévisager et comparer mon faciès avec celui gravé sur les pièces de monnaie que j'ai péniblement récoltées. Car qui reconnaîtrait sous l'accoutrement du parfait malpropre celui qui a été le plus puissant roi de l'univers ?

Aussi loin que je me souvienne, j'ai toujours aimé inspirer la crainte. C'était pour moi comme une drogue, le plus exquis des nectars. Peut-être était-ce parce qu'à l'origine, les choses ne devaient pas se passer comme cela. Je n'étais que le frère cadet, l'éternel deuxième. La lumière ne me nimbait qu'indirectement, c'était vers mon frère aîné que tous les regards étaient braqués, sur son passage que toutes les torches s'allumaient. Pour vingt pauvres mois de différence... Ce n'était pas moi que même les rayons du soleil semblaient suivre. Alors, pour grappiller quelques miettes supplémentaires, pour ne pas être simplement « Monsieur le frère du roi », j'ai très vite appris qu'il fallait s'imposer. Attirer, aimanter la lumière de force, dans ma direction. Et pour cela, le moyen le plus efficace était indéniablement la peur. Cultiver la cruauté comme ma mère soignait ses roseraies. Faire couler les larmes et le sang. Vous montrer qu'au creux de mes mains, je détenais la clé qui pouvait faire basculer votre destinée. M'enivrer de la peur dans les yeux de ceux que j'avais désignés comme mes ennemis, non, mes souffre-douleur. Instiller la souffrance dans les ramifications délicates de vos veines.

À la mort de mon frère, lorsque j'avais quinze ans, j'ai néanmoins vite compris que la peur n'était pas un principe de gouvernement viable à long terme. Je me revois le contempler, en train de se tordre de douleur dans ses draps de satin. Une part de moi était horrifiée par ce mal insidieux qui le rongeait, l'autre, secrètement, se réjouissait presque. C'était *ma* chance, enfin je pénétrais en pleine lumière. Je ne voulais rien gâcher, pas une seconde de cette vie inespérée. Pour devenir le plus puissant, je devais m'efforcer d'incarner le meilleur souverain, éclipser tous les autres. Si la crainte est une excellente arme pour forger son pouvoir, il faut consolider tout cela avec raison et mesure. À ces exigences-là, je me suis aisément plié. Tout pour briller.

Lorsque j'ai eu vingt-deux ans, mon père s'est enfin éteint, et je me suis avancé sur le balcon, quittant la quiétude sombre de son salon privé, qui allait devenir à présent le mien. Le soleil matinal illuminait mes boucles alors blondes, et en contrebas, la foule chantait : « Le roi est mort ! Vive le roi ! »

Et cette fois, enfin, le roi, c'était moi.

Je ne pense pas avoir été un si mauvais roi. Avec mon peuple, j'étais juste. Je ne donnais jamais d'ordres déraisonnés. J'avais tout, l'adoration de milliers de sujets, assez de nobles avides de pouvoir pour me divertir, des dizaines de laquais prêts à satisfaire le moindre de mes désirs, toutes les femmes que je désirais, le luxe, le raffinement et la jouissance d'une vie à son paroxysme. Quel intérêt avais-je à mettre tout cela en danger ? Je ne m'ennuyais jamais. La reine était belle et me donna rapidement un héritier, puis une fille destinée à un glorieux mariage. Je n'avais qu'à désirer, quelque chose, n'importe quoi, et c'était là pour moi. Je détenais la clé de toutes les salles au trésor, je pouvais m'emparer de n'importe quel joyau, de n'importe quel collier qui selon moi siérait le plus à ma vie.

Mais je crois que je voulais plus, toujours plus. Engagé dans une quête perpétuelle de pouvoir... Je n'existais que pour la lumière. Toujours plus intense, toujours plus d'opulence. À en perdre la tête.

Je ne sais pas exactement où ça a mal tourné. Où j'ai commencé à déraper. Il est toujours difficile de déterminer l'instant exact, alors que tous les jours, tous les actes se ressemblent. Un abus léger menait insensiblement au suivant, toujours un peu plus conséquent, et ainsi de suite dans un tourbillon infernal. J'étais grisé. Je crois que tout cela m'a aveuglé : le pouvoir illimité, le luxe, la gloire, les femmes, les guerres remportées, les nobles couchés comme autant de petits chiens à mes pieds. Je n'avais qu'un mot à dire, ma tête à incliner d'un côté ou de l'autre, et l'un basculait au comble de la félicité, buvait au calice de la célébrité et de la puissance, distingué ; l'autre s'écroulait en rampant, gravement touché dans sa prestance et son orgueil, perdait toute crédibilité. Je façonnais à mon gré des vies, et pas que celles de la cour ; c'étaient des milliers d'âmes qui dépendaient ainsi de mon bon vouloir. J'avais en main des milliers de destinées ; mais, du jour au lendemain, ce sont les murs de mon palais qui se sont refermés sur moi. Un véritable piège que, aveuglé, je n'avais pas su voir venir. Tout ce temps durant lequel je m'enivrais de la valse de la fatalité, à laquelle je donnais le tempo, j'avais ignoré qu'elle pouvait aussi me dompter. Les reflets miroitants de la puissance que j'avais cru détenir m'avaient empêché de discerner la vérité : la multitude de somptueux palais que j'avais fait construire n'avait aucune fondation stable, ils ne reposaient que sur des piliers de sable et de sel. Une seule pichenette avait suffi à tout faire voler en éclats. Et j'ai compris que, tout ce temps, je n'avais été qu'un pion.

Les cloches de l'église voisine carillonnent, accentuant mon mal de tête. Satanée mélodie. Je pense à tous ces saints hommes repus de leur puissance, grosses araignées voraces qui tissent leur toile dans les recoins les plus sombres. Je ne pensais pas, durant mes jeunes années, que ceux-là aussi manipulaient des pions sur l'échiquier. Puis je l'avais compris, puis je l'avais oublié. Pourtant, ce sont eux qui m'avaient sacré. Eux, les seuls hommes devant qui je me suis agenouillé. Au temps où j'étais roi.

Maintenant, je passe mon temps à genoux, à ramper dans la poussière, comme un misérable cloporte. Je n'ai plus rien, ni miroir, ni épée, ni bouclier. J'avais passé mes dernières années de règne à faire la guerre au monde entier. Lorsque je passais, les tambours battaient, les fenêtres volaient en éclats. Le peuple se terrait alors que les portes s'ouvraient d'elles-mêmes devant moi, tremblant dans leurs gonds. Personne n'y croyait, personne ne comprenait. Qu'étais-je devenu ? Un tyran colérique, consumé de l'intérieur, qui s'adonnait sans aucune mesure à son vieil amour du pouvoir imposé par la crainte. Maintenant que mes yeux sont à nouveau dessillés, je me souviens que, bien que l'autorité ne repose pas que sur la raison, dès que cette dernière commence à disparaître, tout s'écroule.

Je crois que la vague qui a tout balayé, tout ravagé, tout emporté sur son passage, qui a fait basculer mon esprit dans la démesure, c'était une résistance. La première depuis longtemps. Une femme. Un refus. Une humiliation, dût-elle demeurer à jamais secrète. Je ne sais pas. Je n'étais plus maître de moi, je ne savais plus ce que je faisais. J'étais ivre de violence, de pouvoir, de colère.

Évidemment, si le commandement n'a plus de cohérence, le royaume part à vau-l'eau. Mes décisions étaient toujours plus cruelles, toujours plus arbitraires. J'ai causé, par le tourbillon effréné de mes passions, la ruine de mon royaume. Tout cela ne pouvait mener, ultimement, qu'à la révolution.

Je regarde ma vie et le bilan n'incite plus à l'orgueil. Pendant très longtemps, trop longtemps, j'ai été aveuglé. Des hommes plus avisés que moi, au cœur de glace et non pas de feu, ont su en profiter. J'ai beau chercher, tourner et retourner tous ces éléments que j'ai négligés, je ne comprends toujours pas comment ils y sont arrivés, comment j'ai ainsi pu me laisser berner. Il me faudrait sans doute une éternité, dont je n'ai plus le luxe, pour tout retracer, mon odyssée, dans les moindres détails. Je n'en ai pas l'énergie. Après avoir regardé la mort en face, après avoir vu toutes les lumières s'éteindre, torches soufflées jusqu'à ne laisser que des braises, je n'aspire plus qu'à la résignation. Trouver mon pain de chaque jour, pas plus. Oublier que j'ai, jusqu'à récemment, fait danser le monde entre mes doigts. Attendre une mort plus douce, moins sanglante, qui vous étreint au plus profond de votre sommeil, en une transition fluide, à peine perceptible. J'aimerais l'appeler de tous mes vœux. Je n'y arrive pas encore. J'aimerais tout oublier. Ce serait plus simple. Je ne supporte pas la déchéance, l'humiliation, et pourtant je l'endure. La rage au cœur. Parce que je ne sais qu'être consumé par mes désirs et mes passions.

Je ne suis qu'un homme, après tout. Les révolutionnaires qu'*ils* ont manipulés étaient aussi seulement des hommes. Consumés par la colère que, sans m'en rendre compte, j'avais allumée. Des marionnettes, comme moi.

Mais eux étaient ensemble et moi, j'étais seul au bout de mon fil. Ils ont bien failli m'avoir, ce soir-là, le soir où tout a fini de brûler autour de moi. Mais il ne fallait pas sous-estimer un vieil homme qui se croyait encore jeune. Maintenant, ils me traquent, ils attendent ma tête sur un plateau d'argent. Ils ne l'auront pas, c'est l'unique chose à laquelle j'aspire encore, je crois. Ne pas leur donner cette satisfaction.

J'ai voulu faire de ma vie un chef-d'œuvre de pouvoir, un tableau brillant de tout le faste de mes excès, et je me suis laissé emporter. Toute ma vie, je n'ai voulu que régner, sans comprendre qu'il n'y a pas de souhait plus vide, de terre plus stérile. En définitive, quel genre d'âme aspire à être roi ? Rien ne me plaisait plus de quelques minutes, quelques heures, c'était une interminable valse de jouets que je façonnais pour mon bon plaisir. Seule demeurait l'ivresse du pouvoir.

À présent, tous les jours je vois défiler ces âmes simples que j'ai tant méprisées. Ce sont elles qui me méprisent, sans mes beaux atours, sans ma couronne. Peu à peu se fait jour en moi la terrible sensation : elles ont raison. Je ne suis qu'une coquille vide et, tapi dans la pénombre, je les contemple sans pouvoir les rejoindre, sans jamais avoir été en mesure de les comprendre. Je suis témoin de leurs joies et de leurs peines, de l'amour et de la haine qui colorent leurs gestes et leur voix, j'observe leur famille et les détails du quotidien qui leur sont chers, un sourire du boulanger, un mouchoir gracieusement ramassé, tout ce qui fait battre leur cœur, tout ce que je n'ai jamais soupçonné.

J'ai voulu régner sur des pions et je n'ai finalement jamais eu de sujets. Quel meilleur destin que le mien, pour un roi qui au fond n'en aura eu que le nom, un roi bercé d'illusions, une poupée de chiffon dont l'existence n'aura été d'un bout à l'autre que futile et vaine ?

Je me suis construit un château de sable et de vent, et, à l'aube de ma mort, je comprends que qui croit être le plus autoritaire, le plus puissant, n'est que poussière dans le néant.

Catabase apollinienne

« Car, pour les vaniteux, les autres hommes sont des admirateurs. [...] Les vaniteux n'entendent jamais que les louanges. »

Pour la première fois de sa vie, il se retrouva assis sur son lit, complètement désemparé, à regarder dans le vide. Pourtant, tout le monde en a, des moments comme ça. Des instants où toutes les certitudes s'écroulent, l'univers vacille, toutes les convictions sont remises en question. Jusqu'ici, lui était passé à travers les mailles du filet, cependant. C'est-à-dire qu'il n'avait jamais eu de raisons de douter. De rien ; tout était bien ordonné, dans son petit cosmos personnel, tout gravitait autour de lui selon une mécanique bien huilée, qu'il avait sans effort échafaudée.

Les doutes, les crises existentielles, les réveils brutaux, un beau matin où l'on se rend compte que rien ne va, que rien n'a de sens, tout cela, c'était pour les autres. Ces gens touchants dans leur petitesse, leur étroitesse, leur esprit bridé par les multiples barrières que la vie leur imposait. Cette foule insignifiante qu'il avait toujours contemplée de loin, sans jamais s'y mêler. Il valait mieux que ça, lui. Il n'était pas comme eux.

Il se plaisait souvent à dire, en son for intérieur (car ce genre de pensées n'était jamais bon à exprimer à voix haute, on le sait : cela vous catalogue d'emblée du côté des orgueilleux, des vaniteux), qu'il traversait la vie comme Apollon descendu de son char. Oui, rien que ça. En même temps, il fallait bien le reconnaître : il dégageait une prestance, une assurance inouïe. Avec cela, plutôt bel homme, qui savait prendre soin de lui et se mettre en valeur. Et comme les dons de la nature n'arrivaient jamais seuls, il n'était pas qu'un fade bellâtre bon qu'à faire tourner la tête des minettes ; brillant, débrouillard, fin tacticien, toutes les qualités requises pour réussir avec brio dans l'entrepreneuriat. Il n'y avait pas à dire, il avait été gâté par la vie, et il le savait. Chanceux, il avait su tirer le bon numéro à cette vaste loterie qu'est la destinée.

Il s'était toujours complu dans la satisfaction la plus complète, et avait tout fait pour que rien ne manque à ce portrait flatteur. On disait de lui qu'il était généreux, et il ne manquait jamais, chaque hiver, de faire un don aux Restos du Cœur. Il était un hôte délicieux, et savait sans conteste recevoir. Il était spirituel, élégant, charmeur mais jamais lourd, absolument pas coincé mais jamais grossier, cultivé sans jamais ennuyer, tout en modération, sans jamais lasser. En résumé, il se plaisait à dire qu'il était né pour briller.

Et pourtant le destin fit que, pour la première fois de sa vie, il se retrouva, à trente-sept ans, misérablement assis sur son lit, le cœur en miettes et la tête pleine de doutes.

Il ne pouvait s'empêcher de se repasser mentalement la scène en boucle. Chaque instant, chaque détail. Son cerveau engourdi par la stupeur n'était pas en mesure de faire quoi que ce soit d'autre. Il aurait aimé constater qu'il était capable, dans ce genre de situations, d'adopter une attitude plus constructive. Mais force était de constater qu'il n'était, face à ce genre de choc, pas plus réactif qu'un autre. Le portrait de lui-même qu'il s'était tant plu à se peindre au fil des années en volait presque en éclats. La remise en question complète, cette insupportable marque de faiblesse, de limitation, n'était plus très loin ; sa perspective rôdait autour de lui, fantomatique. Où avait-il bien pu… Non. Ça n'avait rien à voir avec lui. C'était elle, complètement dérangée, aucun sens commun, une hystérique qui se révélait soudain. Pour une fois, il n'avait tout simplement pas eu de chance. Il n'était pas tombé sur la bonne personne. Il fallait bien que ça lui arrive un peu, pour équilibrer. Personne ne pouvait avoir la vie parfaite, sans jamais éprouver ni douleur ni chagrin. Cela n'avait rien à voir avec lui.

Alors, pourquoi ?

Pourquoi ce sentiment presque insupportable d'échec ?

La soirée avait pourtant commencé comme à l'ordinaire. Rien de plus banal que ces heures crépusculaires, coincées entre l'industrieux après-midi et la nuit chargée de promesses d'intimité, rien de plus tranquille, rien de plus délicieux. Elle était rentrée à la même heure que d'habitude, avait retiré ses ballerines vernies, posé sa veste soigneusement repliée sur le dossier de la chaise. Il l'avait entendue monter les escaliers pour enfiler une tenue plus confortable. Et puis elle était redescendue.

Non, il fallait qu'il arrête d'y penser. Qu'il se lève, qu'il se bouge. Qu'il appelle quelqu'un, n'importe qui. Sortir boire un verre. Et se rappeler à quel point il était… exceptionnel. Envié de tous. À quel point tout son entourage aimait le côtoyer. À quel point tout orbitait autour de lui. Elle ? Elle ne savait pas ce qu'elle perdait. D'ailleurs, il avait toujours senti que quelque chose clochait, avec elle. Jusqu'à ce jour, aveuglé par le désir, la passion puis la routine, il n'avait jamais su mettre le doigt dessus, jamais réussi à le formuler. Mais maintenant, ça lui sautait aux yeux.

Elle ne l'admirait pas.

Elle sortit donc de sa vie aussi brusquement, de façon aussi imprévisible qu'elle y était rentrée. Comme une bourrasque, à la manière dont elle avait toujours existé. Il l'avait rencontrée huit ans auparavant, au cœur d'une soirée déchaînée organisée par un ami. Tout le gratin parisien dans tout ce qu'il avait de plus flamboyant, de plus débauché, de plus désespéré, s'y pressait. Ça buvait, ça sautait en cadence sur une musique désarticulée, comme des poupées sur le point d'être démembrées, ça baisait dans tous les coins. Il les regardait toujours avec une pointe de mépris, ses semblables pourtant si différents de lui, tellement plus médiocres. Limités. Malheureux, creux. Lui savait ce qu'il voulait, lui était heureux, lui n'avait pas besoin de tous ces paradis artificiels dont ils s'abreuvaient. Il ne vivait pas, complètement déconnecté, dans un monde d'illusions, lui.

Elle non plus n'avait pas l'air d'avoir besoin de tous ces substituts. Ils étaient entrés en collision au hasard des danses effrénées de presque trentenaires qui jouaient, de temps à autre, à redevenir des étudiants, au détour des flûtes de champagne avalées trop vite pour en sentir pétiller les bulles. Ils s'étaient accrochés l'un à l'autre ; contre toute attente, ils ne s'étaient pas lâchés.

Jusqu'à cette soirée silencieuse et déserte, huit ans plus tard.

Jusqu'à la claque finale. Jusqu'au grincement de la porte d'entrée qu'on referme sans colère ni vengeance, sans amertume ni rancœur, après avoir laissé les clés à l'intérieur. Jusqu'au crissement des roulettes de la valise traînée dans les gravillons de l'allée, en route vers un autre qu'il n'avait jamais soupçonné.

Il fit tout pour l'oublier. S'abreuva de louanges, celles de femmes surtout. Fit de son mieux pour ne pas faire saigner son orgueil, sa carapace, pour ne pas l'entamer sur les bords de sa vie soudainement ébréchée. Voulut retourner à la normale, dans un tourbillon effréné de compliments, d'admirateurs, d'applaudissements.

Il voulut ne voir, n'entendre que cela. Car la vanité, cela avait été la seule chose qu'il ait jamais trouvée pour se protéger.

Mais son cerveau refusait d'effacer. Les mots de cette soirée. Tranchants comme le silex aiguisé.

Les roulettes de la valise dans l'allée. Et tous les soirs, misérablement assis sur son lit, sans but, un vide béant, qu'il faisait de son mieux pour dissimuler, niché dans le cœur, il y songeait.

Cela arriva trois mois plus tard, un peu plus sans doute. Après tout, il avait tout fait pour perdre le compte du temps, pour attacher le moins d'importance possible à cette soirée fatidique, à cette date maudite. Mais le fait était que le compte à rebours était enraciné en lui.

Il passait devant un petit restaurant tranquille, bien propret, où elle se plaisait parfois à l'emmener. C'était un petit détour sur la route qu'il empruntait pour rentrer chez lui, une de ces imperceptibles faiblesses qu'à présent il s'autorisait et qui, insidieusement, était entrée dans ses habitudes.

Et soudain, elle fut là, derrière la vitrine, attablée. Rien n'avait changé à l'intérieur, les nappes à carreaux style

« simplicité revendiquée », la vaisselle immaculée, les verres à vin cristallins. Et elle dans tout ça. Sans lui. Avec un autre pourtant. *L'*autre, probablement. Cet autre qui avait recueilli la valise à roulettes, et elle avec. Cet autre avec qui elle avait avoué le tromper. Je suis désolée, ça s'est fait comme ça, je ne voyais pas les choses tourner ainsi, mais maintenant, c'est trop tard. Voilà ce qu'elle avait dit.

Ils étaient assis dans un coin, un peu à l'écart des autres clients, isolés, seuls dans leur bulle. Il parlait, et elle l'écoutait. Non, c'était plus que cela : elle buvait ses paroles, comme jamais elle n'avait bu les siennes. Il s'approcha de la vitrine, fasciné, incapable de se détacher de ce spectacle, irrémédiablement attiré par cette vision qu'il persistait à s'imposer, comme lorsqu'on continue à gratter une piqûre de moustique, après s'être pourtant déjà fait saigner. Bannie de son esprit, toute peur d'être surpris… en flagrant délit. Mais délit de quoi exactement ? Il ne se souvenait plus. Il n'était plus qu'une mite captivée par la lumière meurtrière.

Oui, elle écoutait cet autre (lui !), suspendue à ses lèvres, tenue en haleine par les syllabes qu'il projetait en l'air, et lui, fasciné par ce spectacle, songeait que jamais il n'avait eu l'occasion de la voir comme cela. Elle était si indépendante, si détachée de tout, féline et moqueuse. La vérité, il la voyait maintenant, c'était que, pendant huit ans, c'était lui qui avait orbité autour d'elle, en simple admirateur.

Mais elle avait changé d'orbite, le laissant errer seul dans le vide intersidéral. Tout cela pour un autre. Mais qu'avait-il de plus que lui, cet autre ? Il le scruta, et ne comprit pas, lui qui se croyait en tous points meilleur.

Alors il rebroussa chemin, et retourna à ses malheureux et dérisoires désirs d'illusions. À présent, il ne s'agissait plus que d'abreuver de louanges son cœur vide et brisé.

Que plus jamais il ne subisse... une nouvelle révolution cosmogonique.

La décision

« Pourquoi bois-tu ? lui demanda le petit prince.
— Pour oublier, répondit le buveur. »

— Tu es sûre que ça va ?
Elle regarda son amie, qui la scrutait avec une pointe d'inquiétude. Pour autant qu'on puisse être réellement inquiet après avoir bu trop de verres pour pouvoir encore les compter, songea-t-elle avec une touche d'amertume. Elle-même les avait enchaînés, dans l'espoir un peu vain de diluer dans l'alcool son sang trop bilieux de mélancolique.
— Oui, oui, ça va, répondit-elle de son élocution fatalement un peu pâteuse.
Elle pria très fort pour qu'elle n'ait pas remarqué le geste brusque qu'elle avait effectué lorsque son amie et hôtesse était soudainement entrée dans la cuisine. Les soirées de Johanna étaient toujours mémorables ; l'avantage d'être amie avec une étudiante friquée résidait principalement dans les invitations systématiques dans des fêtes dignes de celles de Gatsby lui-même, puisque le reste du temps passé avec elle se constituait surtout de bouffées d'amertume face à ses plaintes, problèmes et caprices de petite fille gâtée, et de brusques accès de jalousie en réaction à tout ce que, elle, elle avait. La somptueuse maison où

elle vivait se remplissait lors de ces soirées de dizaines d'amis et amis d'amis, et il était bien difficile de se trouver seule sans être interrompue. Lola avait ainsi dû vivement dissimuler son larcin derrière les pans de la serviette trempée à laquelle elle se raccrochait comme une naufragée, depuis... une éternité ? Elle avait perdu le compte du temps, les événements se succédaient comme autant de flashs disjoints et déconnectés qui perçaient fugacement l'épais brouillard qui noyait chacun de ses gestes. Un instant elle sautait dans la piscine, un instant elle sortait en titubant, et maintenant elle était là, cœur battant, à prier pour que Johanna se détourne et retourne... se bourrer la gueule.

Lola ne se sentait jamais aussi cynique et désabusée que lorsqu'elle buvait. Les jambes flageolantes, elle puisa cependant en elle la force de se détacher du plan de travail en souriant à Johanna, avec un petit hochement de tête supposé signifier « allez, on y va, je te suis ». Heureusement, Johanna comprit.

Lola tituba dans l'escalier à sa suite, pour redescendre au jardin. Son esprit engourdi tourbillonnait, cherchait à déterminer le meilleur moment pour lui fausser compagnie. Mais l'occasion se présenta d'elle-même : Johanna fut happée par un groupe survolté, qui réclamait à grands cris hystériques des clichés avec la reine de la soirée et Lola, toujours aussi discrète, en profita pour s'éclipser. L'invisible Lola, celle que personne n'entendait jamais lorsqu'elle essayait de parler, celle qui se tenait toujours dans un coin, en retrait. Celle qui pouvait disparaître sans personne pour la remarquer. Enfin, cela tournait à son avantage.

Elle s'enfonça dans les profondeurs obscures du vaste jardin qui entourait bien évidemment la maison. Peu à peu, les bruits de la fête s'estompèrent, et elle resserra sur elle les pans de sa serviette, frissonnant dans l'air nocturne.

Enfin seule. Livrée à elle-même.

Elle s'assit dans l'herbe avec la grâce d'un hippopotame ; si elle avait encore été dans sa phase « alcool joyeux », elle en aurait probablement gloussé bêtement. Mais ce moment était passé depuis bien longtemps, et de toute façon, il n'y avait plus de public face auquel faire bonne figure. Enfin. Son regard se tourna vers les étoiles et en enregistra la douloureuse, froide, lointaine beauté. Ses pensées rendues incohérentes par l'alcool fusaient dans son esprit sans qu'elle puisse les ralentir, les figer un peu, les saisir au vol. Tout tournait. Les étoiles étaient indifférentes.

Elle posa à terre devant elle le couteau rapidement subtilisé. La lame étincela au clair de lune. Tranchante, de belles promesses d'avenir. Si elle cédait à ce chant des sirènes... Elle savait qu'elle n'avait que peu de temps pour se décider. Ensuite, la lourdeur de l'éthanol dans ses veines rendrait le moindre de ses gestes beaucoup trop malhabile. Le sommeil la prendrait en traître, ce pâle substitut de la mort tant désirée. C'était passer à l'acte ou se taire. Elle aurait aimé avoir avec elle un verre, sentir la brûlure de la vodka dans sa gorge, comme un excitant, un euphorisant, une poussée en avant ; mais elle ne se sentait pas d'aller en rechercher un. Alors elle resta là, captivée par la splendeur muette des étoiles.

Elle ne manquerait à personne, lui semblait-il. Un abîme béant s'ouvrait devant elle, et elle n'avait que deux alternatives : plonger ou s'éloigner. En attendant, elle jouait avec les limites, sur le bord du précipice, elle faisait glisser entre ses mains le métal luisant. Elle le reconnaissait, elle avait coupé du saucisson avec, en début de soirée. L'absurde dans toute sa douloureuse splendeur. Peut-être qu'avec moins d'alcool dans le sang, elle aurait eu envie de pleurer. Mais elle se sentait étrangement anesthésiée, détachée de tout, avec cette unique pensée qui bourdonnait à ses tempes : fais-le. Sentir la lame caresser, inciser la peau tendre et blanche. Entamer une fois de plus, mais plus profondément, cette fragile membrane, diaphane sous le clair de lune. Libérer le sang, faire jaillir à l'air libre, épancher son âme, la déverser sur l'herbe pour la reconnecter au monde, la lier au reste. Se fondre dans ce jardin plongé dans les ténèbres, étrange et envoûtante expérience métaphysique. C'était le mieux qu'elle puisse faire, désormais, s'offrir un final grandiose. Grandiose ? Pathétique plutôt. À l'image de sa vie, piquée de goût violent pour les belles images stéréotypées et pour l'artificialité de la poésie. À cette heure sombre, perdue quelque part entre la nuit et le jour, elle niait toute beauté et le goût salé de ses larmes qui, traîtresses, s'étaient mises à couler. Pourtant, elle ne ressentait rien qui puisse les motiver. Rien d'autre que le vertigineux constat, même plus douloureux, que tant d'autres avaient fait avant elle : elle ne servait à rien, elle était inutile et absurde dans son vain orgueil d'humaine frivole. Jamais elle n'avait mieux compris Camus qu'à cet instant précis : autour d'elle, les arbres bruissaient, frémissaient dans la légère brise nocturne, et qu'elle le fasse ou non, cela n'avait aucune espèce d'importance pour eux. C'était bien pour cela qu'elle buvait. Pour oublier. Qu'elle avait honte. D'être elle, de n'être rien. D'être incapable de sauter le pas.

Sauter ou reculer. La fatigue qui alourdissait ses paupières, le brouillard chaque seconde un peu plus pesant rendait le choix toujours plus pressant. Il fallait décider, maintenant. Mais elle restait là, figée dans cet entre-deux, avec cette seule question. Même au bord de la mort, elle hésitait encore ; elle songea, non sans amertume, qu'elle aurait fait une bonne héroïne shakespearienne. Pathétiquement, chroniquement indécise.

Elle entendit des voix, soudain, et tout se joua très vite. Elle leva le couteau, mauvaise actrice de tragédie, sa main ne tremblait même pas. La lame effleura la chair tendre du bras, repartit sans avoir entamé la frêle enveloppe. Souffle court, précipité. Le couteau vola dans les fourrés. Johanna ne remarquerait même pas sa disparition.

— Bah, Lola, t'es là ?

Le ton un peu bébête d'un mec bourré fendit l'air, troubla l'air paisible. Elle le haït. Tout gâché, il avait tout gâché, lui et son élocution pâteuse, et sa démarche lourde et titubante, lui qu'elle ne connaissait même pas et qui s'assoyait à côté d'elle, comme ça, comme s'il avait tous les droits. Connard, va.

Elle ne savait même pas pourquoi elle avait fait ça. Saboté son suicide. Belle lâcheté. Précipitation rimait pour elle avec non-choix, absence de décision. Elle regrettait déjà l'occasion manquée, elle qui avait été incapable de se décider lorsqu'il en était encore temps.

Comme tout le monde, elle repoussait le dilemme. Même dans une apparence de refus, il n'était jamais vraiment tranché. Inconsciemment, on remettait ça à plus tard. Au lendemain matin, au prochain soir de solitude, à la prochaine beuverie.

Une infime erreur

« Il répandait un bruit épouvantable, et j'ai fait quatre erreurs dans une addition. »

En tant que lecteur assidu de Saint-Exupéry, et au bout d'un nombre incalculable de replongées au cœur de l'univers si riche, si poétique, si tendre du *Petit Prince*, j'ai toujours été fasciné par le personnage du businessman. Parmi la galerie de portraits ébauchés avec efficacité au fil des voyages du petit garçon aux cheveux d'or et de blé, parmi les six planètes qu'il visite avant la Terre, celui-ci a toujours su m'intriguer. Une vraie caricature de l'absurdité adulte, où pourtant le petit prince décèle, un bref instant, une possibilité de rédemption. Après tout, ne trouve-t-il pas son activité amusante et même assez poétique ? Même si le constat final est celui d'un échec (« Mais tu n'es pas utile aux étoiles… »), il me semble, quand je relis ce fameux chapitre treize, que Saint-Exupéry se ménage une lueur d'espoir quant à ces grandes personnes absurdes qui ont oublié qu'elles avaient été des enfants, autrefois.

Oui, ce businessman est vraiment intéressant. Ces additions appliquées, studieuses, qu'il débite mécaniquement (scolairement ! oui, scolairement !), presque péniblement (on s'attendrait presque à le voir froncer les sourcils et tirer un peu la langue, comme un écolier appliqué), sont d'une simplicité enfantine. Et pourtant, il peut s'y tromper ! Un businessman, parangon de l'homme accompli, de l'homme qui a réussi ! Un businessman, un symbole de notre société, se tromper ! Cela exalte le soixante-huitard réfractaire que je suis. Cela réveille chez moi ce violent désir d'écrire qui me tenaille depuis que je suis tout petit. Tenez, cela m'inspire maintenant un nouveau récit. Assoyez-vous, tenez-vous bien, et c'est parti ! Laissez-moi vous montrer.

Il avait ses petites habitudes et s'y tenait beaucoup. Par exemple, tous les vendredis soir, comme conclusion de sa semaine de dur et pénible labeur, il allait boire un verre avec Bruno, son meilleur ami, un moniteur d'auto-école tout ce qu'il y avait de plus typique, fort en gueule, pas un mauvais boug néanmoins, qui avait toujours raison sur tout. Frédéric l'aimait bien, ils partageaient beaucoup de choses : des souvenirs, une passion pour le football et les bonnes pintes de bière (des gars tout ce qu'il y a de plus typique, je vous l'avais dit !), une quantité assez incroyable de services rendus mutuellement, et un besoin, qui revenait assez fréquemment, d'échapper aux contraintes familiales et quotidiennes, de s'évader, de rêver un peu. Ensemble, ils imaginaient des infinités de scénarios, tout ce qu'ils pourraient faire s'ils étaient, enfin, pleinement libres. Cela pouvait être tout et n'importe quoi, des pays qu'ils visiteraient, aux maisons qu'ils s'achèteraient, en passant par les loisirs qu'ils s'offriraient. Des fantaisies colorées, peuplées de tout ce qu'ils n'avaient pas, n'auraient jamais, faute d'argent.

Après cette petite parenthèse amicale, il rentrait chez lui, depuis le bar, à pied, des étoiles plein la tête. Il appréciait cette promenade solitaire, où, dans la suite de ces discussions avec

Bruno, il laissait son esprit vagabonder en toute liberté, aller sous les cieux où il se plaisait le mieux. Le point culminant de cette flânerie était tout aussi immuable : tous les vendredis, dans le petit tabac à dix minutes de chez lui, il jouait au loto. Il achetait un ticket, s'installait dans un petit coin, sur le comptoir, presque dissimulé dans les ombres des locaux exigus. Alors commençaient quelques minutes de délices calculatoires, des possibilités de combinaisons savamment élaborées à l'aide de règles algébriques mêlées de superstition un peu simple, un peu bête. Ce n'était jamais la même suite de nombres qu'il finissait par tracer, un peu nerveusement, sur le papier trop fin du ticket. Parfois, dans sa transe aux limites de la frénésie, il le trouait presque, tenaillé par ces désirs d'évasion qu'il ne pouvait assouvir. Dans la fatigue engourdissante, nerveuse, de ces vendredis soir, où l'excitation de la parenthèse, trop frêle encore, du week-end se mêlait aux brumes de sa dernière pinte de bière, tout lui semblait possible, le rêve à portée de main, si seulement ses savantes élucubrations algébriques le menaient au gros lot.

Puis, il finissait par rendre le ticket et s'en aller en tenant précieusement le reçu contre lui, dans la poche de sa chemise la plus proche de son cœur. Le trajet du retour s'accomplissait dans une douce perdition, une flânerie embrumée où, finalement vidé de tout ce qui lui restait d'énergie, il ne pensait plus qu'à regagner le confort médiocre, si prometteur à cet instant, du canapé où il se vautrerait pour s'abrutir des images colorées de la télévision. Il s'endormait finalement, un peu déçu mais au fond pas franchement surpris, après la proclamation des numéros tirés au sort, des numéros gagnants, des numéros sur lesquels ses tentatives mathématiques mâtinées d'un vague sentiment religieux abâtardi n'aboutissaient jamais. Les grandes escapades à l'abri du quotidien, c'était toujours pour les autres, jamais pour lui, pour les types comme lui, les gars ordinaires, sans histoires, passe-partout, que personne ne remarquait jamais. Les stéréotypes ambulants qui hantent les petites maisons proprettes héritées des âges industriels et les lotissements pavillonnaires ; les gens qui vivent aux marges des fictions, les figurants, entre les lignes des histoires.

Ce vendredi-là avait tout du vendredi ordinaire, mais Frédéric avait la tête ailleurs. Une fois n'était pas coutume, impossible de se déconnecter des tracasseries quotidiennes. Une histoire de magouille au bureau, une promotion qui lui filait brusquement sous le nez, sucrée par un jeune premier aux dents longues… Pourtant, Frédéric aurait eu bien besoin de l'augmentation sur le bulletin de salaire, d'autant plus qu'il croyait s'être distingué par des années de bons et loyaux services. Alors, il bouillonnait. Dans son esprit, les rêveries habituelles de contrées lointaines avaient cédé la place à des calculs effrénés, des chiffres embrouillés qui se succédaient. Enfiévré, il s'acharnait à calculer sa perte, ce que l'entreprise lui devait, ce qu'il avait sué sang et eau pour elle, ce qu'il leur avait rapporté. Il se sentait floué, rabaissé, humilié, instrumentalisé. Bref, colère incendiaire dans ses veines. À Bruno, ce furent des kilomètres et des kilomètres de récriminations, de jérémiades, pour conclure en beauté sur « tous des enculés, de toute façon ». Chaque gorgée chargée d'alcool était du petit bois supplémentaire, jeté sur le brasier de sa colère. Bruno, un peu gêné, le regardait s'enflammer, n'osait presque rien ajouter d'autre que de vagues grognements approbateurs, de peur de relancer l'incendie. Finalement, il mit un terme à son calvaire, se leva en lui tapotant l'épaule : « Allez, mon vieux, je te laisse, faut que j'décarre, la Delphine va râler, sinon ». Frédéric ne dit rien, finit rapidement sa bière, paya et sortit à son tour. Une fine bruine glacée chassait les rares passants qui n'avaient pas encore regagné le confort de leur chez-soi, mais il ne renonça pas à sa traditionnelle promenade retour. Il joua même au loto, au cas où, on ne sait jamais, on ne déroge pas aux habitudes, mais le cœur n'y était pas. La chance, ce n'était jamais pour lui. L'esprit embrouillé par toutes ses élucubrations au sujet de cette fichue promotion, il hésita même dans ses savantes combinaisons, râla, soupira bruyamment.

Étendu de tout son long dans le canapé, il ruminait toujours. Rien à faire, cela ne passait pas, impossible à digérer. Sa femme avait essayé de le consoler, puis, lassée par sa négativité, avait fini par abandonner et était partie se coucher. Alors il restait seul, face à la télévision allumée, qui déversait son flot habituel d'images et de sons. Même ça ne le calmait pas. Il écouta même d'une oreille distraite la litanie de chiffres déversée par le présentateur. Quarante-six, vingt-neuf, treize, vingt-deux, trente, onze. Attendez. 46, 29, 13, 22, 30, 11. Il chercha frénétiquement sa grille, se souvint qu'elle était restée dans la poche de sa chemise, qu'il s'était empressé d'enlever dès qu'il était rentré et qui gisait toujours par terre, sur le sol de sa chambre, à deux pas de sa femme qui devait maintenant ronfler allègrement. Il renonça à aller la chercher pour vérifier, se contenta de ses souvenirs. Et dans ses souvenirs… Non. Impossible. Mais si pourtant. Il… non… il… les six numéros… serait-ce… le gros lot ?

Il demeura immobile, comme frappé par la foudre. C'était la matérialisation brutale de tous ses rêves, des plus infimes aux plus inouïs, tout cela accessible brusquement. Avec une telle somme, les possibilités étaient infinies. Balayées en un clin d'œil, les minables petites histoires de promotion. L'horizon s'ouvrait devant lui, grandiose. Il amorça un mouvement pour se lever, récupérer son téléphone, appeler Bruno, partager l'énorme nouvelle. Il fallait qu'il le dise, qu'il crache le morceau, pour s'en rendre compte, pour faire pénétrer dans son cerveau engourdi toutes ces potentialités qui enfin s'ébauchaient, esquissaient une incarnation dans la réalité, après des années passées à l'état de rêveries éveillées au milieu de la fumée d'un bar de quartier un brin miteux. Il hésita pourtant, finit par se raviser. De vieilles histoires de tromperies, de jalousies, d'intérêts contraires, colportées par les divers médias chaque fois qu'ils manquaient d'actualités suffisamment frappantes, lui revinrent en mémoire. Dans sa fièvre étourdie, il se sentait même capable de soupçonner son meilleur ami des pires vacheries. Déjà il passait à autre chose, les visions, cette fois-ci tangibles, défilaient sous ses yeux éblouis : une plage aux Maldives, ne plus jamais avoir à retourner travailler, peut-être une Ferrari sur l'autoroute, sentir le vent dans ses cheveux, la liberté, enfin. Une vie de loisirs et d'oisiveté. Ses vieux jours à l'abri de tout souci. Payer les meilleures écoles aux enfants, s'il fallait, s'ils voulaient. Sandrine, elle, voudrait une belle baraque à côté de la mer, ne plus jamais devoir partir en camping. Eh bien, elle l'aurait, sa maison ! Elle qui avait toujours trouvé ça un peu bête, de s'acharner à jouer comme ça, tous les vendredis ! Eh bien, elle aurait tout ce qu'elle voudrait ! Il lui paierait tout ce dont elle rêvait, maintenant. Ça rachèterait les silences, les disputes, les petites piques jetées d'un bout à l'autre de la table, comme ça, en passant, parce qu'on se fait un peu chier, sinon.

Dès demain, il n'y aurait plus besoin de cela. Leur vie allait prendre un autre tournant, encore un peu flou dans son esprit ; mais un tournant sacrément plus intéressant, sacrément moins plan-plan.

Il se réveilla avec le mal de dos des jours de gloire ; sensation d'avoir la colonne vertébrale moulue, les reins en compote, le cœur qui poursuit son battement triomphal, rythme excité bien plus rapide que la normale. La nuit avait été bercée de toutes sortes de douces fantaisies, moitié rêve, moitié futur. Ne restait plus qu'à récupérer, triomphal, le précieux sésame, puis à filer toucher le pactole. En attendant que Sandrine se lève, il réserva les billets d'avion pour les Maldives. On allait commencer par fêter ça deux bonnes semaines, tranquillement, en famille, pour se retrouver et envisager le changement de vie, les doigts de pied en éventail, sur la plage.

N'y tenant plus, il pénétra dans la chambre parentale, en empereur romain acclamé. Sa chemise, qui gisait naguère au sol, avait été posée sur le lit, impeccablement pliée. Le ticket y était toujours. Sa femme et ses affaires, en revanche, avaient disparu. Un mot lapidaire subsistait, plein d'une poésie et d'une ironie toutes contemporaines : « Je suis désolée, Frédéric, mais il fallait que je parte. Avec toi maintenant, je me fais chier. »

Il regarda le ticket. 46 29 13 22 30 01.

Extinction des feux

« Cependant, c'est le seul qui ne me paraisse pas ridicule. C'est, peut-être, parce qu'il s'occupe d'autre chose que de soi-même. »

Je fais ça depuis tant d'années. Trop pour que je puisse encore les compter. À vrai dire, je n'ai jamais été doué avec les chiffres. Alors, pour les retenir, il ne faut pas compter sur moi. Mais on peut compter sur moi pour beaucoup d'autres choses. Je ne sais pas si je suis indispensable. Je ne me pose pas la question. Je fais juste mon travail. Mais je le fais. Et bien. C'est important, de bien faire son travail. Surtout quand ça aide des gens. J'aime aider les gens. Presque autant que bien faire mon travail.

J'ai encore de longues journées devant moi, pour accomplir ma tâche. Cela me rend heureux, de penser à tout ce temps disponible pour faire quelque chose de *bien*. Personnellement, ça ne m'embête pas que chaque jour se ressemble. Ce n'est jamais morne. L'habitude est une fête. Tous les matins, je me réveille avec la mélodie qui retentit, dans la chambre du haut. Beaucoup détestent ce son, mais moi, je l'adore. Il donne le signal de mon entrée en piste ! Le début de ma tâche, après une longue nuit de sommeil. Certains matins, cette sonnerie ne se fait pas entendre : on les appelle « week-end », ou « vacances », je crois. Mais ce n'est pas pour moi. Moi, tous les jours, qu'il pleuve, qu'il neige ou qu'il vente, je dois faire mon travail, et ça ne me dérange pas. Je m'adapte aux subtiles variations dans le quotidien des autres. Les petits riens suffisent à me mettre en joie. Il ne m'en faut pas beaucoup, à moi. Alors, même les matins où je n'entends rien, je me réveille quand même. L'habitude est souveraine. J'ai toujours tellement hâte de commencer à travailler !

Je ne voudrais pas d'un « boulot-fardeau ». Je les appelle comme ça, ces tâches qui épuisent les autres. Ils rentrent d'un pas pesant, ils sont tellement fatigués, et ils râlent et ils soupirent, en colère contre le monde entier. Le patron, les collègues, la secrétaire, la comptable, et puis les impôts, le gouvernement, les enfants, la météo, ces connards dans le métro… Je ne sais pas ce qu'on leur fait là-bas, mais je ne les envie pas. Au contraire, je fais mon métier dans mon petit univers bien connu, et je préfère largement cela ! Même si je sais aussi m'adapter, pour *leur* bon plaisir. Tout ce qui les rend heureux me rend heureux.

Alors, lorsqu'ils rentrent tellement épuisés par le monde entier, c'est là que ma tâche devient cruciale, et c'est là tout le sel, les instants les plus jouissifs de mon existence. J'entends leur démarche caractéristique et si unique, la musique de leurs pas sur le perron, je les entends pester puis le bruit de leurs clés dans la porte d'entrée et ça y est, ils sont là, avec cet amer constat : le monde les a vidés de presque toute leur lumière, au fond de leurs prunelles ne brille plus qu'une étincelle. Ce monde doit être bien triste et désespérant, pour les lasser ainsi. Seuls les enfants ont encore, quand ils rentrent, un peu d'énergie.

C'est là que j'interviens. C'est là que je suis utile. Mon travail est vraiment utile et important parce que ce que je produis est joli. Inlassablement, sans jamais me fatiguer, je rallume les étoiles dans leurs yeux. Alors ils se remettent à briller de l'intérieur. Une douce lueur nimbe leurs gestes. Et moi, je suis heureux, puisqu'ils sont heureux. Je me réjouis de les voir se réjouir. Ils se remettent à irradier de partout, ils ont de petites étoiles incrustées dans leurs iris, comme de petits diamants. Je me plais à les contempler. Les yeux, c'est ce que je préfère. On se plonge dans une âme, et c'est presque toujours merveilleux. Je croise bien, quelques fois, des individus au regard vide, triste et gris, aux prunelles menaçantes, qui luisent de ténèbres et de méchanceté contenue ; dans ces cas-là, je les évite, je les fuis, je fais tout pour les repousser, parce que je sais que c'est sans espoir, que je ne suis pas en mesure de les rallumer, de les ramener à la gentillesse et à la joie de vivre. Il est à espérer que ce type de personnes soit une espèce en voie de disparition : des humains sans étoiles pour les guider, avec le cœur aussi vide que leurs yeux.

Ma famille compte cinq personnes : je suis chanceux d'avoir autant de flammes à raviver au quotidien, autant d'individualités à soigner, à soutenir et à accompagner ! Même lorsqu'ils sont déjà bien heureux, bien animés, il y a toujours plus d'étoiles à allumer dans leur regard ! Je cours partout, je leur fais la fête, je joue avec bonheur à tout ce qui leur plaît, à tout ce qui leur passe par la tête.

Il y a d'abord David et Valérie. C'est David qui a eu l'idée de m'adopter, alors lui et moi, je me plais à penser que c'est fusionnel. Il adore aller marcher de longues heures en forêt avec moi. Ce sont nos petits instants privilégiés, rien qu'à nous, et c'est vraiment ce que j'attends le plus dans la semaine ! J'adore voir comment la randonnée dénoue les muscles de ses épaules, qui se nouent et se tendent au fil de la semaine et de ses confrontations avec son « boulot-fardeau », avec les petits tracas du quotidien. En marchant, je le regarde à la dérobée et je me repais des délicates étoiles vertes dans son regard. David aime, comme moi, la nature, les grands espaces, la verdure, il a pour projet de commencer un petit potager. Il se sent oppressé par la vie citadine, et surtout les contraintes, les obligations, tout ce qui bride sa liberté. Je fais tout pour alléger ce fardeau mais parfois, lorsqu'il est vraiment trop énervé par le poids du quotidien, je sais bien qu'il faut l'éviter et attendre qu'il se calme tout seul pour commencer à le rallumer. Valérie, elle, c'est un peu le contraire. C'est une humaine fascinante, tout en angles et en os, je n'ai jamais vu ça sur quelqu'un d'autre, elle est très élégante. Elle aime le tourbillon de ses responsabilités, l'anxiété est son élixir, le moteur de ses journées. Elle s'abreuve de propreté et de netteté maniaque, les étoiles dans son regard sont gris acier, et j'espère qu'elle se félicite d'héberger quelqu'un d'aussi propre que moi ! Je fais mon possible pour leur faciliter la tâche, je limite toujours, enfin j'espère, les dégâts. Avec elle, j'ai vite compris que je n'arriverais pas à faire étinceler ses étoiles directement : il fallait passer par ses enfants pour lui tirer un sourire. Je m'adapte, moi, ça ne me dérange pas.

Ensuite, il y a Antoine, Damien et Lisa. Antoine est le plus vieux et le plus calme, il passe beaucoup de temps dans sa chambre et peu dehors avec moi, à jouer dans le jardin, mais ce n'est pas grave. Avec lui, c'est plus paisible et contemplatif. Il dessine, lit et écrit beaucoup, courbé sur son vieux bureau de bois blanc ; il est souvent mélancolique, ses étoiles deviennent vite un peu ternes. Pour les ranimer, je pousse délicatement la porte, je me faufile et je m'allonge sur le tapis, même si Valérie a dit que je n'avais pas le droit d'aller dans les chambres ; c'est notre petit secret. Il fait mine de ne pas se retourner, mais je sais que du coin de l'œil il me guette. On passe de longs moments comme ça, presque immobiles tous les deux, et je sens que ma présence silencieuse lui réchauffe le cœur. Le bruit de nos respirations respectives s'entremêle, j'aime cette symphonie qu'on élabore à deux. Parfois, quand ça ne va vraiment pas, il se lève et vient me rejoindre, à pas de loups, sur le tapis. Il s'assoit par terre et je pose ma tête sur ses cuisses et ses mains parcourent mon corps étendu, délicatement, dans le sens que je préfère, et je suis heureux dans ces moments-là, heureux de réchauffer son cœur qui se refroidit si aisément, le pauvre petit !

Damien et Lisa sont beaucoup plus remuants. C'est bien aussi. Les jumeaux me lancent inlassablement la balle dans le jardin en riant, et je ne me lasse jamais, leurs fous rires me donnent des ailes, me font décoller, jusqu'aux étoiles du ciel ! Leurs yeux noisette pétillent, on dirait quatre petites sphères de cette boisson à l'odeur chimique qu'ils appellent « coca », ça fait comme de petites bulles de bonheur dans leur regard, leurs étoiles sont si jolies ! Et leurs rires sont pour moi la plus douce des musiques. Je m'en délecte, je m'en rassasie, peut-être plus que de nourriture terrestre.

Évidemment, je ne peux pas toujours satisfaire tout le monde. Lorsqu'il pleut des trombes d'eau, et que les jumeaux veulent tout de même sortir, je ne peux pas à la fois ne pas me salir et ne pas abîmer le sol immaculé de Valérie. Alors, les jumeaux et moi, nous en prenons pour notre grade. Mais ce n'est pas grave, ça forge la complicité ! Les étoiles pétillantes dans les prunelles de Damien et Lisa, ces étincelles dont j'ai parsemé leurs iris, moi, à ma modeste échelle, valent largement cela.

Ainsi, globalement, je crois que je leur apporte, à ces cinq êtres humains si extraordinaires, plus de bonheur et de lumière que de tracasseries et de petits soucis. J'accomplis mon travail avec grand plaisir, jamais je ne me lasse, jamais la routine ne m'entraîne et ne m'ennuie. Je ne veux pas me vanter, mais j'ai tout ce dont on peut rêver. Tout ce qu'on peut espérer, et même bien plus encore. Et il en sera ainsi jusqu'à la fin de mes jours, je verrai les enfants grandir et je baignerai toujours dans la même félicité ; car après tout, je ne vois pas pourquoi tout cela changerait !

Comme tous les ans en mai, ils commencent à discuter des vacances. Les repas en sont tout de suite plus animés, colorés par cette délicieuse perspective. Moi-même, j'en frémis d'excitation, on a tous les yeux qui brillent rien qu'à cette évocation. Tous les ans, c'est la même destination, un petit coin de paradis avec la mer, le ciel bleu, une plage de galets, de longues balades sur le bord des falaises. David et Valérie paient des glaces aux enfants, on fait des pique-niques au bord de l'eau... là, il n'y a pas une seule heure de « boulot-fardeau », pendant ces deux semaines de parenthèse : rien pour leur gâcher le plaisir, les assommer, les engourdir, leurs étoiles sont sans cesse allumées, je n'ai presque rien à faire. Dans ces moments-là, je ne suis que la cerise sur le gâteau, je ne suis plus le moteur principal de leur « énergisation ». Moi aussi, je me regonfle à bloc, je remplis mes yeux de belles images, je me repais de nouvelles odeurs, de nouveaux sons. Je prends cela comme un bonus, une récompense que je n'ai pas recherchée mais qui vient comme un couronnement.

Mais même si j'adore partir en vacances, pour le bien fou que me fait ce dépaysement, ma plus grande récompense, mon plus immense bonheur, c'est de les entendre rire, les sentir plus détendus, me repaître des lueurs de leurs regards, ces lueurs qui scintillent en permanence. Cela a un petit goût d'utopie. C'est grisant. Cela m'enivre. Et cela me rend heureux, puisqu'ils sont heureux.

Mais cette année, les conversations autour de la table ont une autre saveur. Comme une note discordante, une fragrance de querelle, d'inconfort ou de gêne, je ne sais pas trop. J'ai du mal à saisir au vol les mots qu'ils s'échangent comme des balles de ping-pong, ils parlent trop vite, je somnole et ai du mal à m'extirper de mon songe, si palpitant. Tant pis, nous verrons bien. La période est compliquée, parfois il m'est plus ardu de ranimer les feux de leurs yeux, David et Valérie sont tous les deux débordés, les responsabilités, les aspirations tuent face à l'impitoyable réalité, le « boulot-fardeau »… Antoine va bientôt passer son brevet et il est stressé. Damien et Lisa sont fatigués de cette longue année scolaire qui n'en finit pas… Il est normal que tout, même une perspective aussi réjouissante que les vacances, devienne plus compliqué. De toute façon, je ne vois pas pourquoi les habitudes et nos petits rituels, qui nous apportent tant de bonheur, devraient changer. Je ne vois rien qui puisse remettre en cause, bousculer, chambouler notre petit univers !

Enfin, le grand jour arrive. Je m'agite, je fais le fou, je ne me contiens plus, tant je me réjouis ! Cela agace Valérie, mais cela fait glousser Lisa. Damien, l'air morne, lui donne un petit coup de coude et elle s'arrête avec une mine coupable, mais je suis déjà passé à autre chose. Je me précipite dans la voiture pour occuper ma place habituelle, et ça y est, nous voilà partis ! La grande aventure, la grande expédition peut débuter. Je suis heureux ! Même si je déteste les trajets en voiture. Ce n'est qu'un mauvais moment à supporter. J'attends les pauses avec impatience, j'aime à me dégourdir les pattes dans des endroits inconnus, remplis d'odeurs inédites et fascinantes. Et puis, je me sens vaguement oppressé aujourd'hui, l'ambiance est pesante pour un départ de vacances. Mais, enfin, la première aire d'autoroute arrive, un large carré de bitume environné par la forêt. Antoine pleure un peu, je veux aller le consoler, lui demander pourquoi, pourquoi toutes les étoiles de son regard ont été soufflées d'un coup, mais Valérie tend ma laisse à David et il m'entraîne, presque contre mon gré, vers la forêt. Quoi, nous allons marcher ? Je suis confus, ce n'est pas comme ça qu'on part en vacances, d'habitude ! Mais bon, si ça lui fait plaisir…

Il m'a attaché à un arbre et il est parti. Cela fait longtemps, maintenant : j'ai perdu toute notion des heures ou des jours, mais je sais que je n'ai jamais été si longtemps éloigné de ma famille. Ils me manquent. Qu'ils reviennent vite !

J'ai si froid, si faim, si soif. Je suis couché, je n'ai plus la force de me lever, même si j'ai réussi à rogner mon entrave. J'attends. Si je bouge, ils vont avoir bien du mal à me retrouver, dans cette forêt inconnue !

J'ai hâte, tellement hâte qu'ils reviennent. J'ai hâte de les revoir, de plonger mes yeux dans les leurs, de contempler toutes leurs étoiles. Surtout, faire mon travail, jusqu'au bout. Rallumer leurs lueurs, si besoin. Faire naître de la joie là où elle pourrait disparaître. Être utile, avec un joli travail.

Qu'ils reviennent vite, que je puisse souffler sur les braises de leurs âmes fatiguées par la vie !

Je ferme les yeux.

Extinction des feux.

Des cartes contre l'éphémère

« Le géographe est trop important pour flâner. »
« Que signifie éphémère ? Ça signifie "qui est menacé de disparition prochaine". »

De nos jours, il est difficile de trouver un bon explorateur. C'est-à-dire que la conjoncture ne s'y prête guère. La majorité du continent a déjà été découverte, explorée de fond en comble. Il n'y a plus que les confins, les marges les plus dangereuses, qui demeurent encore à cartographier ; mais pour cela, il faut affronter des dangers multiples et variés, des brigands, des sauvages, des climats impitoyables, sans parler des créatures sans doute redoutablement dangereuses. Donc forcément, les volontaires ne se bousculent pas au portillon, c'est le moins qu'on puisse dire. En outre, il faut toujours faire une enquête préalable sur leur moralité, éviter les alcooliques, qui auraient tendance à voir double, par exemple. Eh oui, ce sont les subtilités du métier. Or, pour être honnête, la majorité des candidats potentiels, désœuvrés, se trouvent dans les gargotes et les tripots de la Ville-Basse. On repassera pour l'alcoolisme. Bref, c'est un véritable casse-tête.

De fait, mes journées sont devenues beaucoup plus vides et ennuyeuses. J'attends. Je tue le temps. J'espère pouvoir bientôt organiser une expédition, mais l'occasion ne se présente pas. Cela m'agace. Je rentre le soir aussi exténué que si j'avais travaillé avec acharnement sur mes cartes, mais ce n'est que de la fatigue nerveuse : en substance, je n'ai rien fait de ma journée. Même au palais, ils ne mettent plus la pression, ils se contentent de nous payer avec un sac d'écus, plus ou moins rempli, plus ou moins régulièrement. Il n'y a pas à dire, on est loin de l'âge d'or, de la frénésie qui agitait le milieu quand j'ai commencé, il y a vingt ans déjà. Cela me manque, l'excitation de ces premières années. Je me sentais grisé, la période était historique, on n'avait jamais autant progressé. On publiait un atlas remis à jour tous les ans. Je ne m'ennuyais jamais, et j'étais tellement épanoui que je ne ressentais pas même l'amertume de ne pas profiter assez de ma famille. J'ai pu leur offrir une belle maison dans la Ville-Haute ; même si ce n'est pas dans les plus beaux quartiers, les plus cossus, le voisinage est agréable, et c'est plus qu'honorable pour un humble géographe, un simple érudit de ma condition. Je me pavanais, fier comme un paon, fier de voguer sur cette immense vague de découvertes qui nous emportait tous. La Ville bruissait alors du chuchotement élégant des fêtes, de la pluie des écus qui affluaient du fait d'un commerce de plus en plus florissant, les rues se paraient de façades richement et finement ornées. C'était un tourbillon effréné et si doux, la célébration de la pluie de succès qui s'abattait sur le royaume et en particulier sur sa capitale, un tourbillon qui nous emportait et auquel nous goûtions tous. À présent, vingt ans après, c'est comme si la Ville s'était endormie, du sommeil paisible du juste, du bon bourgeois repu et satisfait de lui-même. Et moi, la transe retombée comme un soufflé, je m'y ennuie. Terriblement.

Je n'ai jamais été un homme d'action, moi. J'ai la stature typique de l'érudit, du rat de bibliothèque. Lorsque je dois rentrer tard le soir (ce qui ne m'arrive guère plus souvent, je ne croule plus vraiment sous le travail), je rase les murs et serre ma bourse dans les replis dans ma cape, qu'on ne la repère pas, qu'on ne me voie pas trop. Je serais une proie facile, et je ne suis pas en mesure de me défendre des voleurs à la tire, des spécialistes de l'enlèvement contre rançon, et autres malfrats, lie du peuple qui grouille à présent dans les rues dès le soleil couché. À l'époque de l'âge d'or, jamais la garde royale n'eût permis un tel désordre, même nocturne : cela aurait nui au prestige. Mais l'âge d'or est passé, et la garde royale a d'autres chats à fouetter au palais, où on dit que les complots, les tentatives plus ou moins réussies de coup d'État ou d'assassinat se succèdent à un rythme effréné.

Peut-être aurais-je pu, aurais-je dû remédier à cette faible condition physique, mais l'exercice autre qu'intellectuel m'a toujours ennuyé. De fait, j'ai maintenant quarante ans passés, je ne sais rien du monde à part ce que m'en apprennent les livres et les explorateurs, mes dix doigts ne me servent qu'à tenir ma plume. Jamais je ne pourrai moi-même prendre part à une expédition vers ces fameux confins. D'ailleurs, avant, je m'estimais trop important pour ne serait-ce qu'en concevoir l'idée.

Maintenant, enlisé dans la routine et l'ennui, j'en crève simplement d'envie.

Cela m'est venu comme cela, petit à petit, une envie insidieuse comme une maladie. C'est né de l'ennui, oui, je pense. J'ouvre mes livres, mes chefs-d'œuvre passés. Les cartes finement enluminées, le moindre détail répertorié, soigneusement reporté. Je passe ma main sur la douceur épaisse du papier, et cette caresse m'enivre, et sous mes yeux s'esquissent des paysages fantomatiques que mes yeux n'ont jamais effleurés mais que mon cerveau connaît par cœur. J'en rêve la nuit, des songes troublants où je tiens une courte épée sans trembler, où mes pas se font dansants dans les forêts au clair de lune, moi qui suis si maladroit, d'ordinaire, l'antithèse de la grâce ! Tout me semble me souffler : « Pars. »

Mais je reste, car je ne sais rien faire d'autre. Quand j'étais jeune et que nous étions utiles et adulés, j'étais convaincu que j'étais trop important pour flâner.

Mes enfants, eux, ne sont pas restés. Encore quelque chose que j'avais cru aussi immuable que les montagnes, au même titre que le succès ou la prospérité : ma famille. Je l'avais bâtie de toutes pièces ; elle me file entre les doigts comme du sable trop fin. Mon fils aîné a été le premier, il s'est engagé dans la garde royale et loge à présent au palais. Une bonne place, sans doute un brin risquée quand même. Puis ma femme m'a convaincu de marier notre fille, un beau parti se présentait ; alors nous avons réuni la dot, et mon bébé, mon hirondelle chérie, est partie aussi. Demain, mon cadet s'en ira aussi, il part avec une caravane de marchands pour Deliang, la cité des sables, où se trouve la meilleure école de mathématiciens du pays. Finalement, la paisible routine que je m'étais construite n'est qu'éphémère. C'est cette pensée désolante qui m'a tiré de ma torpeur digestive, en ce début d'été. Puisque tout est vain et changeant, puisque les certitudes ne sont que des illusions d'optique, moi aussi, je partirai. Ici ou là-bas, ma vie, comme celle de n'importe qui, est éphémère. Et quitte à ce qu'elle soit éphémère, je préfère échapper à l'ennui qui me pèse et m'étouffe.

C'est par un bel après-midi encore ensoleillé que ma vie a pris ce nouveau tournant si excitant. Beaucoup chuchotent que je suis devenu fou, mais je les laisse dire. Qu'ils pensent ce qu'ils veulent, je crois trop au souffle inspiré des dieux, qui vient nous visiter dans les songes, pour ne pas céder à l'appel des visions qui me hantent. Il est temps pour moi d'enfin voir le monde. Beau projet pour secouer l'inertie du quotidien, n'est-ce pas ? Ce monde que je ne connais qu'en mots et qu'en lignes, je vais enfin le voir devenir images réelles, sons et odeurs. Fini d'attendre le compte-rendu d'autres. Fini de perdre mon temps en petites annonces et en enquêtes sur la moralité, face à de grands gaillards pas plus capables de compter les verres ingurgités depuis le début de la journée que le nombre de montagnes face à eux. À moi l'aventure, la vraie, à moi le frisson et l'excitation, le danger peut-être, pourquoi pas ? Je me suis préparé, je me sens de taille à tout affronter. À moi la vraie vie.

***

Dans les petites auberges de la Ville-Haute, dans les tavernes pas encore trop mal famées, et puis dans les tripots hantés par les aspirants à l'exploration, on ne parle que de ça depuis quelques jours. Entre rire grinçant et ironie mordante, on devise sur le géographe qui s'était rêvé explorateur, dans une étourdissante inversion des rôles. Une véritable perte de sens commun, lorsqu'on n'a jamais tenu ne serait-ce qu'un poignard de sa vie ; son corps a été retrouvé à deux jours de marche de la Ville. Un vrai massacre. Le doute subsiste : bandits de grand chemin, ou trahison des mercenaires qu'il avait embauchés ? Il aurait mieux fait d'enquêter sur leur moralité, à ceux-là.

Adieu Eden

« Les hommes, dit le petit prince, ils s'enfournent dans les rapides, mais ils ne savent plus ce qu'ils cherchent. Alors ils s'agitent et tournent en rond. »

L'u-TGV glissa jusqu'au quai dans un couinement discret, et même élégant. Ces nouvelles technologies, songea Romane avec un petit sourire en coin, elles rendaient décidément le moindre détail distingué. Les vieilles gares décaties aux splendeurs architecturales délabrées, survivantes enlaidies du XIXe siècle, avaient été transformées (lorsqu'elles n'avaient pas été démolies, faute de dépendre d'une municipalité suffisamment importante pour se permettre une rénovation) en bâtiments propres, d'une modernité inattaquable, faite de matériaux noirs, chrome et bleutés, d'éclairages subtils et de reliefs soigneusement découpés. Une délicate musique d'ambiance était diffusée en même temps que de subtiles fragrances de forêt humide et de vent frais. Tout un luxe de détails pour rendre le passage par ces lieux autrefois bondés et rébarbatifs le plus agréable possible. D'autant plus que le niveau social de la clientèle se soumettait désormais à des prix nettement plus sélectifs que les vétustes Ouigo et compagnie. L'ultra-TGV permettait des vitesses absolument incroyables, des distancestemps contractées, semblait-il, à l'extrême limite de la physique : cinq minutes à peine pour un Paris-Lyon, Paris-Moscou en une petite demi-heure. Évidemment, les plus « défavorisés », pour rester dans le politiquement correct, ne pouvaient se le permettre. Encore que l'u-SNCF promettait à l'horizon 2035 la mise en place d'une politique un peu plus inclusive en ce qui concernait ses tarifs.

Romane, comme beaucoup, s'était habituée à l'u-accélération des trajets, des rendements, de la productivité, de la vie quotidienne dans son ensemble. Mieux encore, elle avait grandi avec. Aujourd'hui, face à une planète à sauver, une population encore et toujours croissante, des défis de plus en plus nombreux, il fallait aller vite, toujours plus vite. Gagner du temps, toujours plus de temps. Et si demain, tout s'arrêtait brutalement, partir avec au moins la certitude qu'on avait été le plus loin que l'on pouvait.

Aujourd'hui, Romane n'avait *vraiment* pas le temps de traîner, de rêvasser. Dans cette course folle dans laquelle l'humanité tout entière s'était engagée, il fallait savoir aller plus loin que tous les autres ; aujourd'hui, Romane avait rendez-vous à dix-sept heures à Pékin pour vendre le dernier produit miracle qu'avaient inventé les ingénieurs de l'entreprise agroalimentaire pour laquelle elle travaillait. Sachant qu'elle en avait pour une heure et demie de train, et qu'il était déjà quatorze heures là-bas, elle n'avait pas intérêt à traîner et devait impérativement attraper l'u-TGV de huit heures treize. Alors elle resserra sa prise sur sa mallette et s'avança sur le quai. À l'intérieur de cette précieuse mallette de cuir, des dizaines de rapports et d'études étaient contenus, dans le raffiné bijou de technologie qu'était son ordinateur dernier cri. Tout ça, tout ce cirque pour une pilule révo-lu-tion-naire : un gain de temps de cinquante-trois minutes, une pilule à avaler par semaine, et on n'avait plus besoin de boire. N'était-ce pas merveilleux, surtout vu la disparition rapide des ressources en eau potable ? Tout en grimpant dans le train, Romane esquissa un petit rictus narquois. Elle-même, en bonne commerciale, n'y croyait qu'à moitié. Fatalement, on se rendrait compte qu'il y avait des effets secondaires, et tout le projet tomberait alors à l'eau (elle s'amusa de cette petite boutade, qu'elle n'avait pas préméditée). Eh bien, tant pis ! En attendant, elle allait défendre son produit avec toute la bonne volonté du monde, et conclure un accord bien juteux. Si elle négociait bien, elle aurait sans doute une prime.

Alors elle monta dans l'u-TGV, même si elle aurait sans aucun doute préféré se trouver n'importe où ailleurs. Elle n'aimait pas franchement son boulot, mais à la sortie du lycée, il avait fallu se décider rapidement, et elle avait aveuglément suivi les conseils de ses parents. Trop tard, à présent. Ces dernières années, plus personne n'avait pu conserver le temps de revenir en arrière...

Les u-TGV n'avaient pas de fenêtres. Cela n'aurait servi à rien ; qui voulait voir un kaléidoscope de flashs colorés défiler ? C'était un coup à vous donner mal à la tête. De toute façon, rêvasser en regardant le paysage n'était plus une option envisageable. La moindre minute devait être rentable. Le bon citoyen était désormais le citoyen efficace. Le citoyen productif, rapide, qui maîtrisait son temps.

Alors, forcément, Romane avait emporté avec elle quelques dossiers supplémentaires, pour dire que... Voilà. Elle se laissait porter, Romane, elle suivait le mouvement. La vie à cent à l'heure lui pesait ? Tant pis, il n'y avait pas d'alternative, alors elle faisait avec. Son patron ne manquerait pas de lui envoyer, avant la fin de la journée, un mail lui demandant un récapitulatif non seulement de son entretien, mais aussi des dossiers qu'elle aurait pu traiter pendant ses trajets. Elle était encore jeune, elle devait faire ses preuves, elle avait intérêt à ne faire aucun faux pas. Ces jours-ci, on n'avait plus la patience. Tu marches ou tu te casses. En une journée, pour un mail pas envoyé à temps, une carrière pouvait s'effondrer. Surtout qu'une flopée de jeunes requins aux dents longues poussait derrière ; les employeurs avaient l'embarras du choix, parmi tous ces profils interchangeables.

Tu marches ou tu te casses. Ou plutôt, tu cours ou tu te casses. Cours, assez vite pour ne pas te faire rattraper. Romane était fatiguée de ce sprint permanent, mais qu'y pouvait-elle ?

Elle ne tarda néanmoins pas à remarquer, malgré sa charge de travail conséquente, que sa voisine de siège était plutôt jolie. Une peau blanche sans la moindre imperfection, de longs cheveux noirs, raides et luisants, qui exhalaient de délicates fragrances de lilas, des yeux en amande d'une ineffable profondeur. Plutôt jolie, et surtout aventureuse : elle fixait Romane sans la moindre gêne, pleine d'une tranquille certitude. Comme si... comme si elle était convaincue que ce petit jeu de regards plus ou moins en coin n'était que le premier pas, l'étape préliminaire. Comme si elle savait, avec une assurance sereine, qu'elles auraient tout le temps qu'il faudrait. Qu'elles s'attendraient, qu'elles s'apprivoiseraient, parce que leurs cœurs battaient sur la même fréquence. Ce petit échange silencieux n'était qu'une mise en contact.

Cela commença donc ainsi, comme un coup de foudre pour lequel on est certain d'avoir tous les lendemains qu'on voudrait, qu'on inventerait. Comme un premier lien, un premier rituel à inventer.

Un éclair, une fulgurance, et puis une promesse d'avenir.
— Bonjour. Moi, c'est Alice. Et vous ?

Malgré la pression, Romane ne travaillerait donc pas beaucoup, ce jour-là.

Peu à peu, le tempo des relations amoureuses s'était, pour la majorité, réglé sur un staccato rapide, voire endiablé. Valse des cœurs, valse des partenaires. À peine le temps de reprendre, et on repartait de plus belle. On ne s'engageait plus guère, dans la nouvelle génération, celle de Romane et Alice, celle qui avait grandi en une respiration précipitée.

Forcément, Alice et Romane faisaient un peu figure d'exception ; elles étaient à contretemps, en décalage avec leur époque. Une longue discussion dans l'u-TGV, une conversation si passionnante que Romane avait oublié la pression, le stress permanent du travail, avait tout débuté. Elles avaient échangé leurs coordonnées, le début classique pour un coup d'un soir, une aventure sans lendemain. Mais cela n'avait pas été un prélude traditionnel. Elles avaient pris le temps, elles avaient élaboré des rites, leurs propres rites, leurs lieux de rendez-vous favoris, leurs sujets de conversation, puis avec le temps, leurs mains qui se frôlent, doucement, s'effleurent timidement, et puis finalement, leurs doigts qui s'entrelacent, une apothéose. Leurs lèvres qui se trouvent, les langues qui se délient. Peau contre peau, étape par étape.

Romane avait toujours cru qu'il ne fallait pas faire de vague. Rentrer dans le moule, rester dans la foule, dans le mouvement, ne pas se faire remarquer, jamais. Elle avait voulu correspondre aux attentes, suivre les conseils et se construire une petite vie parfaite, vécue au même rythme que le reste du monde. Elle découvrait enfin l'envers du décor, les délices du temps perdu en rêveries, en flâneries. Un dimanche matin où l'on paresse dans son lit, à aspirer à pleins poumons l'odeur délicieuse du café chaud qu'un être cher prépare pour vous. Éteindre son ordinateur quelques minutes en avance pour s'offrir un peu de rêverie sur le rythme de la pluie qui tambourine aux carreaux. Écourter un rendez-vous professionnel pour rejoindre celle qu'on aime. Les mille petits plaisirs infimes de la vie vécue au rythme paisible d'un cœur qui bat.

Alice lui prêtait des romans, des pages et des pages par kilos, qui ne lui seraient jamais utiles pour développer ses stratégies marketing. Elle sonnait à l'improviste le dimanche matin avec deux billets d'u-TGV à la main, et elles s'embarquaient dans des excursions, qui semblaient toujours trop courtes, dans des contrées en théorie lointaines, en pratique toujours aussi exotiques qu'à l'époque où les distances semblaient insurmontables, puisqu'on ne prenait généralement pas le temps de les découvrir. Romane l'admirait pour cette liberté, cette désinvolture, cette apparente absence de contraintes ; elle avait toujours un peu de mal à se laisser entraîner. Toujours peur, toujours ce sentiment de culpabilité, qu'on avait fini par réussir à enraciner en elle.

Parfois, elles se disputaient, Alice se moquait de son manque de témérité, Romane lui répondait qu'elle aurait bien l'air maligne, quand elle se serait fait virer à cause de leurs frasques. Alice lui rétorquait alors qu'elle n'avait qu'à les envoyer balader, tous ces abrutis qui ne savaient vivre qu'en accéléré. Facile de vivre dans un monde où tout était si simple, répliquait Romane, mais ce n'était pas la réalité, et il fallait bien ramener de quoi manger.

D'ailleurs, ce que faisait Alice était un véritable mystère pour Romane. Elle se disait libraire, mais dans un monde où plus personne ne voulait prendre le temps de lire, d'où sortait-elle l'argent nécessaire à toutes ses folies et ses envies ?

Et puis, le coup de butoir tant redouté finit par arriver. Un mail lapidaire, un avertissement, il n'y en aurait pas d'autres ; on lui faisait déjà une fleur en ne la virant pas tout de suite. C'était pour son patron le parangon de l'humanité et de la générosité. La productivité et l'assiduité de Romane avaient drastiquement chuté, il fallait redresser la barre avant qu'il ne soit trop tard. Sa place en dépendait ; et avec sa place, sa vie entière. On n'avait plus le temps de nourrir des désœuvrés, une trop longue période d'inactivité brisait une existence entière. En un éclair, alors qu'elle parcourait frénétiquement le mail, incapable de détacher ses yeux de l'écran lumineux, la jeune femme se souvint de ces implacables réalités.

Romane ne dormit pas de la nuit, torturée, déchirée entre l'amour et la peur, ou entre l'amour et le réalisme, appelez ça comme vous voudrez. La boule au ventre. Sur l'écran de ses paupières, le visage d'Alice la contemplait sévèrement, alors même que peu à peu les ténèbres l'avalaient.

Au matin, après neuf mois d'idylle (un record pour l'époque), elle téléphona, et mit fin à tout cela. On la chassait du dernier Eden, et elle ne luttait plus. Elle se laissait emporter.

Alors reprit la vie à cent à l'heure, agrémentée d'un pincement au cœur, chaque fois qu'elle devait voyager, en prenant l'u-TGV.

Mots en cœur

Thesaurum dolore invenio

« Ce qui embellit le désert, dit le petit prince, c'est qu'il cache un puits quelque part... Je fus surpris de comprendre soudain ce mystérieux rayonnement du sable. Lorsque j'étais petit garçon, j'habitais une maison ancienne, et la légende racontait qu'un trésor y était enfoui. Bien sûr, jamais personne n'a su le découvrir, ni peut-être même ne l'a cherché. Mais il enchantait toute cette maison. Ma maison cachait un secret au fond de son cœur... »

Papy s'est éteint dans la nuit de mercredi à jeudi. C'est ce qu'a dit ma mère, avec des trémolos dans la voix. Je n'ai jamais compris pourquoi on se sent ainsi obligé d'employer tant d'euphémismes. Il s'est éteint, il est parti, on l'a perdu. Que d'inanités, tellement utilisées qu'elles en deviennent vides de tout sens. Des stéréotypes tout prêts à l'emploi, du cliché prêt-à-porter. Pourquoi déguiser la réalité ? Papy est mort, c'est tout.

Peut-être que Maman voulait refuser le gouffre béant qui s'ouvre, à ces mots, sous nos pieds. Peut-être qu'elle croyait qu'en le niant, en utilisant d'autres mots, tout disparaîtrait, on reviendrait trois mois en arrière, quand Papy n'était pas malade et que tout allait bien. Mais tout ça, c'est du vent. Face à la réalité nue, crue et implacable, les mots ne valent rien, ne peuvent rien.

Aucune consolation dans le fait de se dire que Papy s'est éteint comme de la vieille braise oubliée dans la cheminée, dans un petit EHPAD que j'ai toujours trouvé affreusement miteux (mais évidemment, je n'avais pas voix au chapitre).

Donc voilà, Papy est mort. Je ne peux pas dire que je ne m'y attendais pas. C'était juste un compte à rebours, ou plutôt un bras de fer avec le temps, chaque jour une petite victoire, une inclinaison d'un millimètre, tout en sachant pertinemment qu'à la fin, c'est notre avant-bras qui finirait écrasé contre la table. À partir du moment où le diagnostic avait été posé, on savait que ce serait rapide. Une vraie dégringolade jusqu'aux Enfers, une chute du Ciel, avec mon grand-père dans le rôle de Lucifer. Sauf que ce Lucifer-là, il n'avait rien fait de mal, rien de répréhensible qui justifie une expulsion immédiate du paradis. Dans la vraie vie, il n'y a ni méchant ni gentil. Juste des êtres humains que frappe la fatalité, comme ça, aveuglément, selon son bon plaisir. Pourquoi mon grand-père plus que le voisin ? Plus que n'importe qui ?

Si j'étais un brin cynique, ou un brin « Meursaultiste », j'aurais dit que c'était une occasion en or pour louper ce contrôle de maths que je n'avais toujours pas commencé à réviser (ce qui, dans mon cas, était pourtant un prérequis indispensable si je voulais une note décente). Ou au moins pour justifier le 5 que je n'allais pas manquer, en conséquence, de me payer.

Mais je ne suis pas si cynique. En tout cas, pas quand ça me touche de si près. Là, à vrai dire, je suis juste brisé de douleur. Éclaté dans mon lit, en un millier de petits fragments de verre, incapable de me rassembler, de me relever. Je ne croyais pas qu'on pouvait éprouver des souffrances aussi raffinées. Je regarde le plafond, et il n'y a rien à voir, à part le vide permanent de mon cœur. Il y a là un trou qu'aucun euphémisme ne peut dissimuler, un trou béant et sanguinolent. Mon cœur ressemble à un steak haché mal cuit. Je rigole tout seul de mon antiromantisme, mais ce n'est même pas drôle. D'ailleurs, je ne sais même plus pourquoi ça m'avait fait rire. Je ne ressens que le vide.

Au bout de deux jours, passés cloîtré dans ma chambre, mes parents ont commencé à vraiment s'inquiéter. En même temps, ce n'est pas comme si je tombais des nues. Pas comme si je n'avais pas pu me préparer, me faire à l'idée. On aurait pu croire que ce long purgatoire de trois mois m'aurait servi de préparation, aurait fait passer la pilule un peu plus facilement. Mais il y a un gouffre entre imaginer l'idée, tenter de se projeter dans le vide par avance, et y faire vraiment face, s'y trouver en chute libre. De toute façon, pendant ces trois mois, je me refusais à y penser, à admettre l'éventualité. Et maintenant... eh bien je suis pris au piège. Fait comme un rat. Mis au pied du mur, ce mur qui finit immanquablement par se matérialiser dans votre vie, plus ou moins tôt, en fonction de votre chance. Papy est mort, et maintenant, il est trop tard pour une tonne de choses. Trop tard pour m'y préparer et fabriquer autour de mon cœur une carapace d'acier. Trop tard pour le serrer une dernière fois dans mes bras et lui dire combien je l'aime, je l'aimais. (Le truc chiant avec la mort, c'est qu'on ne sait plus à quel temps conjuguer.)

Alors, pour rassurer mes parents, j'ai accepté d'y aller. À l'enterrement. Mais c'était bien la dernière chose dont j'avais envie, de voir mon grand-père, tout raide, tout froid, mis dans cette terre humide, épaisse et noire, dont il ne ressortira jamais. Papy était lumineux, une boule d'énergie, même à soixante-seize ans. Il ne tenait jamais en place. Alors, le voir enfermé dans une boîte en sapin ? Merci bien. Mais l'idée que mes parents se faisaient d'un deuil gérable chez un adolescent, c'était de chialer plus ou moins discrètement pendant tout l'enterrement, faire un peu plus la gueule qu'à l'ordinaire pour un mois ou deux, avoir quelques mauvaises notes et écouter de la musique emo à fond, puis passer à autre chose. Alors, j'ai essayé de jouer la comédie. Comme si je n'avais pas tant perdu que ça, comme si on ne m'avait pas arraché, en même temps que mon grand-père, mon meilleur ami, mon guide et, je crois bien, le seul être au monde qui me comprenait vraiment.

À l'enterrement, ma grand-mère m'a longuement enlacé en sanglotant. Très longuement. Ça en devenait presque gênant, cette étreinte larmoyante. Tout le monde nous regardait, ça n'était pas très discret, et je pouvais presque entendre leurs mièvres pensées face au spectacle pathétique, digne d'un téléfilm à petit budget, que nous offrions. Je suis sans doute un peu méchant, et ce inutilement. Ma grand-mère aimait mon grand-père, très fidèlement, comme un petit chien avec son maître ; mais la distance entre ces deux êtres est incommensurable, et ne sera jamais comblée. Pour ne pas l'abandonner, elle avait demandé à être placée dans le même EHPAD, alors qu'elle ne se portait pas si mal, surtout pour quelqu'un qui fait du diabète et a survécu à un cancer. C'est sans doute une battante, ma grand-mère, mais sans son phare pour la guider, je crains qu'elle ne se laisse dériver.

— Mamie, tu as encore les clés ? J'ai enfin fini par trouver le courage de murmurer.

Elle s'est reculée pour me dévisager, les yeux brillants. Puis elle a hoché la tête, doucement. Je lui ai adressé un petit sourire reconnaissant. Allez, Mamie, courage, tu vas y arriver.

Mes parents ont fait une drôle de tête, quand je leur ai parlé de mon souhait d'y retourner. La maison de mes grands-parents est bouclée, prête à être mise en vente, un sanctuaire à la mémoire des jours heureux. Quelle drôle d'idée, ont dû penser mes parents, de vouloir s'y confronter ! Comme remuer le couteau dans la plaie. Mais voilà, moi, j'ai besoin d'une bonne claque de souvenirs dans la figure.

La maison de mes grands-parents est vaste, perdue en pleine campagne, vieille à souhait. J'adorais y aller, quand j'étais petit : la perspective illuminait mes week-ends et mes vacances. Mon père a fini par accepter d'y revenir, de m'y emmener. Nous n'avons pas échangé un mot du trajet. Rien à dire. Les mots ne peuvent constituer un pont suffisamment solide pour traverser le gouffre.

Je claque la portière de la voiture et foule, pour la première fois depuis des mois, les gravillons de l'allée. Instantanément, je voyage dans le temps, de retour à l'époque où je croyais qu'on avait tous les instants du monde à partager encore. Je revois mon grand-père dans le potager, courbé sur ses laitues. Ou dans la cuisine, en train de dénoyauter ses prunes, pour en faire une tarte. Ou dans son fauteuil, sur le perron, en train de dévorer un nouveau roman. J'entre dans la maison ; rien n'a changé, à part la fine couche de poussière que je soulève en volutes à chaque pas. Les meubles exhalent toujours la même odeur enivrante de cire d'abeille, la même fraîcheur se dégage des murs épais. Je frissonne, soudain cette température, qui m'a toujours semblé si agréable, surtout en été, me rappelle le froid de la terre où gît maintenant Papy. Je presse le pas, laisse ma main effleurer les murs.

Je cherche. Je me souviens. Je me souviens de ces après-midi suspendus hors du temps, lorsque j'étais enfant, lancé par mon grand-père sur les traces d'un trésor oublié de tous. Je le cherchais inlassablement, je le traquais, ce trésor soi-disant laissé par les précédents propriétaires. J'avais été un petit garçon maussade, difficile à amuser, rétif et revêche. Seul mon grand-père avait su trouver le secret, la clé pour me dérider, me tirer de mon mutisme. Il avait enchanté le moindre de mes séjours ici, avec cette perspective de trésor que je n'avais évidemment jamais trouvé. Il avait dû l'inventer de toute pièce ; mais cette histoire avait fait scintiller cette maison, autrefois si sombre et déprimante à mes yeux, et avait scellé une sorte de pacte, le début de notre complicité.

Papy, tu étais mon autre moi, plus âgé seulement. Papy, j'ai besoin de toi, ne me laisse pas. Ne m'abandonne pas. Sans toi, cette maison ne brille plus mystérieusement, sans toi elle est froide et impersonnelle. Les souvenirs ne suffisent à la ranimer, à raviver la flemme.

Alors, dans le silence de ces couloirs qu'autrefois toi et ton trésor vous illuminiez, je m'autorise à te pleurer.

Papy, tu ne m'as laissé que des souvenirs, et ces cartons de livres, que tu m'as tout spécialement légués. Je caresse la tranche dorée des plus beaux ouvrages et je soupire. Tu me manques, toi qui d'un rien savais enchanter le quotidien, réparer les cœurs fêlés. Toi qui d'un sourire apaisais mon âme que je me plaisais à imaginer écorchée vive. Je ne savais pas ce que c'était, de souffrir vraiment. Je jouais l'enfant, puis l'adolescent, martyre, mais jamais je n'aurais imaginé que cela deviendrait une réalité, ma réalité.

Et je souffre à cause de toi, l'être au monde qui me faisait le plus de bien.

Les jours, les semaines passent et le vide ne s'émousse pas. Hier soir, ma mère m'a annoncé que la maison était vendue. Je n'ai rien dit. Il n'y avait rien à dire, le mal était fait. Le cocon de mon enfance a définitivement explosé, je ne trouverai jamais le trésor de mes jeunes années. Sans doute n'a-t-il jamais existé, oui. Je comprends bien, maintenant, que le plus important n'était pas ce trésor, mais mes yeux qui brillaient, la main de mon grand-père qui me guidait et sa bouche qui souriait, il m'ébouriffait les cheveux en me disant que j'avais bien travaillé, et le monde entier se mettait à scintiller. Le lien qui nous unissait était impalpable, invisible, mais c'était tout ce qui comptait.

Je m'assois dans notre minuscule jardinet étouffant de banlieue, et je pense à toutes ces odeurs, ces bruits de la campagne que tu aimes – aimais – tant. C'est si dur, tu sais, d'oublier la douleur. De t'oublier. Je ne veux pas tourner la page, surtout pas. Et puis, je dois t'avouer que la culpabilité complique tout. La culpabilité de t'avoir délaissé, ces trois ultimes mois. Je ne suis pas venu te voir une seule fois. Trop peur de te voir diminué, toi qui étais mon roc, solide et immuable. Papy, comme tu as dû te sentir seul, abandonné. Trahi peut-être. Maman me proposait, mais j'avais toujours une bonne excuse. Quelqu'un à voir, un devoir à terminer. Papy, crois-moi, je ne t'ai pas abandonné parce que tu étais à présent plus faible que moi, un enfant terrorisé, un gamin qui se réveille et qui se rappelle qu'il a peur de la mort, lui aussi. C'est juste que... Je ne voulais pas voir cette fichue mort planer au-dessus de toi, comme un oiseau de mauvais augure. Je ne voulais pas matérialiser ta perte.

J'ai été lâche. Je n'ai pas affronté la vérité en face à face. Je ne suis qu'un être humain, après tout.

Le temps passe et je pense souvent à toi, à la maison. Peu à peu, j'arrive à t'imaginer sur ton lit de mort, et je comprends que tu avais dû savoir bien avant moi que je ne viendrai pas. Qu'on ne se dirait jamais vraiment au revoir. Mais je commence à voir aussi que tu m'aimais tellement que tu acceptais ce choix. C'est comme la maison, ce trésor si précieux que je ne trouvais pas, que je ne voyais pas. On n'avait pas besoin de se voir pour s'aimer. Et pour se quitter, le temps d'une petite éternité.

Comme a dit un jour un grand écrivain, « on ne voit bien qu'avec le cœur, l'essentiel est invisible pour les yeux. »

Canicule

« Mon dessin ne représentait pas un chapeau. Il représentait un serpent boa qui digérait un éléphant. J'ai alors dessiné l'intérieur du serpent boa, afin que les grandes personnes puissent comprendre. Elles ont toujours besoin d'explications. »

La cabine d'essayage avait été arrangée avec le souci d'à la fois imiter le luxe et d'inspirer une impression de confort. Tout avait été pensé pour faire pénétrer la cliente dans un univers qui se voulait résolument raffiné et féminin. Lourds rideaux de velours rose ; fausses dorures et enluminures sur le contreplaqué, petits tabourets de velours également fuchsia, le tout dans le plus pur style rococo. Ou plutôt, dans un style rococo médiocrement imité, pensa Lise avec son mordant habituel. Il faut dire qu'elle étouffait, dans ce minuscule espace crûment éclairé et trop lourdement chargé. La température dépassait largement les trente degrés, probablement, malgré l'air climatisé diffusé dans le reste de la boutique. Elle transpirait à grosses gouttes, comme trop souvent, et cette pensée l'humiliait, ce qui tendait à accroître sarcasme et agacement. Quelle idée de partir faire les magasins en pleine canicule ! Pas le choix pourtant, c'était les soldes, donc LE moment où elle pouvait se permettre de petites folies, hors de question de louper de bonnes affaires ! Et elle avait actuellement un cruel besoin de regarnir sa garde-robe (un ou deux kilos pris par-ci, par-là, et on se retrouvait vite face à des vêtements où il était impossible de glisser une fesse ou une cuisse ; elle n'était probablement pas la seule à connaître ce genre de désagréments), notamment pour ce qui était des sous-vêtements.

Normalement, elle repoussait au maximum ce type de sorties. Il lui semblait que tous les miroirs disposés dans les cabines d'essayage (qu'elle renommait intérieurement « temples d'auto-détestation ») étaient spécialement calibrés pour en devenir grossissants. Rien à faire, lorsqu'elle faisait face, dans l'exigu espace d'intimité que la société de consommation avait créé de toute pièce, à son reflet, elle était incapable de ne pas se vomir, se détester. Au quotidien, elle arrivait à peu près à ne pas trop y penser, à détourner le regard au bon moment, à éviter de trop fâcheuses confrontations avec elle-même. Mais parfois, comme ce jour-là, elle ne pouvait y couper ; et elle se retrouvait dans cette maudite cabine, dégoulinante de sueur, face à un reflet d'elle-même sans concession. Elle avait chaud, elle étouffait, et pourtant elle pouvait difficilement faire moins habillée. Elle inspecta le soutien-gorge, il était joli. Est-ce qu'il soutenait bien la poitrine ? Elle l'espérait, comme ça elle en finirait d'autant plus vite. Elle respirait un peu fort, essayait d'éviter de penser à la moiteur de sa peau qui collait aux détails de dentelle, aux bourrelets, à ces plis affreusement disgracieux, qui se dessinaient sur la chair blanche de son ventre.

Foutue canicule. Foutu miroir. Foutu cerveau, foutus yeux qui lui renvoyaient en pleine face cette réalité si désagréable ! Et puis foutue elle-même. C'est vrai, quoi ! C'était bien beau de tenir de longs discours grandiloquents, des variations sur « il faut comprendre que la femme d'aujourd'hui, c'est bien plus qu'un corps », de prôner le « body positive » et l'acceptation de soi, de militer contre la grossophobie sur les réseaux sociaux, pour ensuite avoir envie de pleurer à cause des cuisses qui frottaient, des poteaux qui semblaient lui servir de jambes. C'était bien beau de proclamer partout son indépendance, notamment intellectuelle, pour mieux se torturer sur ce que Grégoire pouvait bien penser d'elle. Ces sous-vêtements sexy limitaient-ils la casse, détournaient-ils l'attention des détails qui fâchent ? L'aimait-il, la désirait-il toujours autant, avec tout ce gras en trop ? Ou préférait-il, pour se consoler, *scroller* pendant des heures sur Instagram, en bavant sur les clichés de fit-girls au fessier rebondi et ferme, aux abdos bien dessinés ? Elle aurait aimé s'en foutre totalement, et s'accepter autant qu'elle le prétendait. Mais rien à faire, ses proclamations bravaches, ses retweets audacieux, ses publications engagées ne prenaient pas. Elles ne faisaient pas le poids face à la lumière crue de la cabine, face à l'impitoyable miroir qui la dominait de toute sa hauteur.

Elle souleva le bras, renifla l'aisselle, se détourna avec une grimace dépitée et dégoûtée. Elle empestait, malgré les litres de déodorant qu'elle avait l'impression d'utiliser, compulsivement, craintivement, comme à chaque été, encore plus durant les plus en plus fréquents épisodes caniculaires.

Rien à faire, elle se dégoûtait. L'ensemble de lingerie faisait l'affaire, même si pour lui rendre pleinement justice, il aurait fallu être bien mieux sculptée. Tant pis, de toute façon elle n'avait pas l'énergie mentale d'endurer une seconde de plus le face-à-face avec son reflet, la moiteur crispante de sa peau, l'étouffante solitude de la cabine aux teintes aussi cramoisies que ses joues. Elle se rhabilla prestement et s'extirpa de là le plus vite possible. La vendeuse, une guêpe aux vêtements souillés d'aucune auréole douteuse (pétasse trop parfaite ! songea Lise, et le regretta aussitôt), lui demanda avec un sourire mielleux si tout allait. Lise marmonna quelque chose entre ses dents, pour se débarrasser d'elle. Sortir de là le plus vite possible. Rentrer. Oublier sa grosse honte, sa honte d'être soi, avec les cuisses qui frottent à chaque pas, les aisselles odorantes, les mains perpétuellement moites.

Elle paya rapidement et s'en alla.

Dehors, la chaleur étouffante qui s'exhalait du bitume, encouragée par les rayons ardents dardés par un soleil impénitent, lui fit l'effet d'un coup de poing. Elle avait eu son compte de magasins pour la journée, tant pis, elle allait rentrer. Cela ne servait à rien de s'acharner. Pourquoi était-elle si soupe au lait, aujourd'hui ? Ça devait être la chaleur. Toujours cette foutue chaleur estivale ! Si elle avait voulu se liquéfier sur place à chaque sortie loin de la fraîcheur climatisée des bâtiments, elle serait allée vivre dans le Sud de la France, bon sang ! On n'était pas supposé supporter des températures pareilles dans le Nord-Est.

Elle grimpa dans le premier bus venu, toujours en pestant contre le monde entier, pour mieux oublier à quel point, à cet instant précis, sous l'effet d'un ensemble de facteurs plus ou moins conscients, elle se détestait. Évidemment, c'était aussi l'étuve à l'intérieur. Cela n'allait pas arranger ses mains moites et ses cuisses qui collaient sous son short. Elle décida de ne pas les laisser transpirer sur les strapontins déjà trempés de la sueur de dizaines de parfaits inconnus, bien qu'ils soient majoritairement libres et que passer le voyage assise soit nettement plus confortable.

Lorsqu'elle descendit à son arrêt, le soleil continuait à darder ses rayons féroces, sans qu'un nuage ne vînt le concurrencer. Casse-toi, putain, Apollon, pensa très fort Lise, qui dans sa mauvaise humeur n'était plus à une insulte près, même à destination d'un dieu tout droit sorti des anthologies de mythologie grecque. Elle aurait pu, si elle les avait repérés immédiatement, appliquer la même pensée ironique aux trois jeunes hommes qui squattaient près de l'abribus, musique à fond, en riant fort et en tirant sur leurs cigarettes faites main (ou peut-être leurs joints, plutôt, vu l'odeur), perdus dans un nuage de fumée. Trois hyènes qui, instantanément, fixèrent leurs regards avides sur elle.

Lise les remarqua. L'adrénaline inonda ses veines et elle pressa le pas. Pourvu qu'il ne se passe rien, pourvu qu'il ne se passe rien. C'était souvent la même pensée, en boucle, transplantée dans des décors différents, et ajoutée au même mélange de rage, de peur au ventre et de sentiment d'injustice. Pourvu qu'ils m'ignorent.

— Eh, mademoiselle ! T'es en beauté aujourd'hui !

Elle accéléra encore, serrant ses sacs contre elle. Faire mine de ne pas avoir entendu, de ne pas avoir saisi que c'était à elle qu'on s'adressait, même s'il n'y avait personne d'autre dans cette rue écrasée par la chaleur morbide de juillet. Qu'ils ne lui emboîtent pas le pas, s'il vous plaît.

Mais la température devait également les assommer cruellement, car, face à sa fuite, ils se contentèrent d'un banal « C'est ça, casse-toi, sale chienne ! »

Et elle se retrouva devant son immeuble, soulagée, avec en tête cette unique et absurde pensée : canicule, en latin, veut dire petite chienne. Et elle ne savait que tirer de cette étrangeté linguistique, oui, de cette absurdité contextuelle.

Elle s'enfonça au maximum dans la petite baignoire remplie d'eau délicieusement tiède, en souhaitant désespérément pouvoir repousser les parois d'acrylique blanchâtre, élargir la surface disponible, et s'étendre de tout son long. Tant pis, elle se contenterait de son ventre affleurant à la surface comme une île fertile, de ses jambes repliées en un grand pont triangulaire, de ses épaules inconfortablement calées contre l'arrondi de la baignoire.

Enfin, se délasser ; enfin, tout oublier. Elle contempla son corps à présent détendu, paisible, ce corps que deux heures auparavant elle détestait tant. Et brusquement, dans cette fraîcheur salutaire, sous l'éclairage tendre de sa salle de bain, elle ne le trouva plus si dégoûtant, même ce ventre qui, dans le magasin de lingerie, lui paraissait aussi gros que si elle digérait un éléphant. Tous ces gens, la vendeuse, ces hommes dans la rue, elle-même, ils ne voyaient que l'extérieur, ils ne perçaient pas jusqu'aux profondeurs du dessin, qui étaient bien plus importantes.

Mais même en le sachant pertinemment, c'était utopique de croire qu'elle, comme tous les autres, n'avait pas besoin d'explications, de piqûres de rappel. Parce que dans ce monde où on finit tous tôt ou tard par perdre notre regard d'enfant, on ne voit nettement que les contours.

Et il faut beaucoup d'imagination, de conviction, et d'innocence primordiale, pour se rappeler de ne pas voir que le chapeau.

Un combat de chaque instant, pour ne pas laisser triompher la haine de soi et le désenchantement.

Une simple histoire de fleuve et de baobabs

« Or un baobab, si l'on s'y prend trop tard, on ne peut jamais plus s'en débarrasser. Il encombre toute la planète. Il la perfore de ses racines. Et si la planète est trop petite, et si les baobabs sont trop nombreux, ils la font éclater. »

Il m'a encore écrit une lettre. Mais moi, je voudrais bien qu'il arrête. C'est bien plus difficile s'il m'écrit, il faudrait qu'il le comprenne. J'aimerais bien couper le cordon. Ne pas le voir, ne pas l'écouter souffrir. On ne devrait pas avoir à prendre une telle décision à dix-sept ans. Cela dit, on pourrait objecter que Rimbaud avait bien dix-sept ans lorsqu'il est parti à l'aventure et qu'il a commencé à tout affronter comme un adulte ! Mais c'était une autre époque, on n'a plus dix-sept ans maintenant comme on avait avant. Rimbaud, lui, il allait seulement rencontrer Verlaine. À dix-sept ans, on devrait juste aller trouver l'amour. On ne devrait pas avoir à envisager de rompre avec son petit ami parce qu'il a un putain de cancer.

Je sais, c'est dégoûtant, c'est répugnant, de *nexter*, de ghoster ainsi un garçon malade. Je dois passer pour une connasse insensible. Je suis sûrement une connasse insensible. Eh bien, il n'y a pas de mal à ça. On fait ce qu'on peut pour se protéger.

Arthur et moi, au lycée, on était comme les deux doigts de la main. Si cliché, comme expression. Quand j'entends ça, quand je les entends parler de nous comme ça, je nous imagine, nous tenant la main, souriants comme des idiots, figés sur une photographie en sépia. Immortalisés à jamais dans un petit rectangle de papier rigidifié. Le visage gravé dans les étoiles, Arthur et Chloé, le couple tragique de l'année, Arthur et Chloé les amants maudits, séparés par la maladie. Allez donc tous vous faire foutre, avec vos mouchoirs et vos larmes de crocodile déversées sur les pages Facebook, les comptes Twitter et les légendes Instagram. Nous ne sommes pas les nouveaux Roméo et Juliette, encore moins les héros d'un roman de John Green, tout dégoulinants, tout imprégnés de mièvrerie. On n'est pas du genre à pleurnicher en s'écrivant de longues lettres mignonnes pour ne pas s'oublier, pour entretenir la flamme. Nous, on se bat chacun de notre côté pour se retrouver après, en pleine forme, dans toute l'insouciance de nos dix-sept ans. Combattre ses démons en catimini, pour souffrir le moins possible.

C'est pour ça que j'en veux autant à Arthur. Je pensais qu'il voyait les choses de la même façon. Mais c'est comme s'il avait rompu une sorte de pacte. Je m'étais trompée. Sur la personne que je croyais connaître le plus au monde. Ça pique de le reconnaître.

J'ai jeté la lettre sans l'ouvrir. Une petite boule bien froissée dans la corbeille à papier. J'exècre ton romantisme à deux balles, Arthur. J'exècre que tu sois une Chloé qui appelle au secours son Colin, que tu veuilles me faire jouer son rôle. Mais je ne suis pas taillée pour ce rôle, moi. Je préfère quelque chose de plus abordable : juste être moi. Moi je réponds aux textos, pas aux mots de papier, tout suintants de bons sentiments. Moi, je les dis en face, les mots ; je les crache, s'il le faut.

On n'est pas sérieux à dix-sept ans. Je ne veux pas être sérieuse. Je ne veux pas penser aux cellules cancéreuses dans ton sang. Ces cellules si tardivement repérées, si tardivement qu'on ne pourra peut-être pas t'en débarrasser. Ces cellules qui grandissent, grandissent, comme de petits arbustes, comme des baobabs destinés à devenir immenses et meurtriers, grandissant pour te perforer tout entier de leurs racines. Ces cellules qui risquent de te faire éclater.

Stop ! Je ne veux vraiment plus y penser.

J'ai jeté la lettre, et j'ai continué le cours de ma journée. Pour oublier. C'est plus facile quand je suis bien entourée, bien occupée. Ce qui est indéniablement le cas depuis plusieurs jours. Forcément, ce soir, c'est le grand soir. Le soir des enregistrements pour un célèbre télécrochet. Et je fais partie de tous ces aspirants chanteurs. C'est le moment, enfin, de renouer avec la vraie moi, de cesser d'être la pauvre petite amie d'Arthur-le-cancéreux-actuellement-à-l'hosto-pauvre-gamin-triste-vie. C'est le moment de me sortir de la tête de tous ces soucis qui ne sont pas de mon âge. Je vérifie une dernière fois que chaque détail de ma tenue est à sa place. D'ici quelques mois, ces enregistrements seront diffusés sur les postes télévisés de la France entière et, que je me plante ou que je brille, tout le monde me verra, moi, Chloé, et pas juste la petite amie d'Arthur. Je serai dans mon salon, assise par terre, dos au canapé, comme j'en ai l'habitude, et j'aurai invité Arthur, et il me serrera dans ses bras, je m'enivrerai de son odeur (cannelle-chocolat) et tout sera oublié. Il m'aura pardonné de l'avoir ignoré, de l'avoir laissé combattre ça tout seul, on aura tourné la page parce que ce cauchemar sera complètement terminé. J'imagine déjà ses commentaires admiratifs, le goût salé des chips sur ma langue, la chaleur de sa peau contre la mienne. Ce sera bien. Simple, naturel, efficace. Comme ça a toujours été le cas entre nous. Jeunes et insouciants. Heureux, tout simplement.

J'ai interdit à ma famille de parler de lui devant les caméras. Je ne veux pas être, aux yeux de la France entière, l'adolescente éplorée venue jusque sur les plateaux télé déclarer sa flamme à son amour de jeunesse, son premier, pendant qu'il gît, perfusé, sur un lit d'hôpital. Je ne suis pas venue pour faire pleurer dans les chaumières ; je l'ai déjà dit, je ne suis pas une comédienne. Encore moins s'il s'agit de jouer une tragédie. Je n'aime pas ça, les fins sanglantes où tout le monde trépasse et sanglote, je les ai toujours trouvées affreusement artificielles. Je n'ai pas dit que tout se finit toujours bien, je ne suis pas naïve à ce point. Mais quel besoin de rajouter des couches et des couches de pathétique pour essayer d'intéresser la ménagère moyenne ? La vie, ce n'est pas de grandes tirades enflammées et essoufflées, des pleurs tonitruants pour attirer la lumière des projecteurs. La vie, ce sont des dénouements tranquilles, silencieux, une peau qui reprend des couleurs nuance par nuance, et des yeux qui se rallument de l'intérieur. Non pas l'emballement frénétique des machines, non, rien de spectaculaire, aucune planète qui n'éclate brusquement sous la pression des baobabs. La vie, c'est un long fleuve, parfois l'eau va plus vite et parfois elle va plus lentement, parfois les berges se courbent délicatement et parfois les virages sont affreusement serrés, mais les cascades violentes et bruyantes sont de la fiction, il n'y a rien qui ne les invente mieux que l'imagination humaine.

Je pose un pied sur scène et ça y est, je suis dans mon élément. Qu'importe le dénouement ? J'avance et je me sens vivante, l'oxygène dévale mon sang et irrigue mon organisme, je ne pense qu'aux sons que ma gorge va pouvoir émettre, la mélodie puissante que je vais convoquer pour enchanter, le dioxyde de carbone que je vais rejeter. Oubliés, la lettre, l'hôpital, les perfusions, les clichés aux couleurs passées. Nous ne sommes pas des héros de quelque roman plus ou moins poussiéreux (mais systématiquement dégoulinant de bons sentiments). Juste des adolescents, sérieux comme tous les gens de dix-sept ans, et bientôt la vie reprendra son cours, comme avant.

En attendant, je chante avec la puissance et l'audace de mes dix-sept ans.

***

La nuit est claire et fraîche, la lune brille au-dessus de moi, un énorme croissant. Téléphone à la main, j'attends. Le vent joue avec les rares mèches que je n'ai pas réunies en queue de cheval, je frissonne un peu. La brise me donne de petites baffes et ça me rappelle que je suis toujours aussi vivante qu'il y a dix ans, ce jour où j'ai passé mon audition à la télévision, ce jour où, pleine d'illusions, j'ai touché le ciel, avant de dégringoler, six pieds sous terre. On n'est pas sérieux quand on a dix-sept ans et on croit que toute la vie est un jeu d'enfant. Que rien n'arrive jamais vraiment, que les grandes envolées lyriques sont destinées à demeurer dans la bouche des théâtreux. On est idéaliste, encore un peu naïf, et la vie vous cogne en pleine mâchoire, vlan dans les dents.

À dix-sept ans, on apprend à la dure, au choc. Je n'ai jamais récupéré la dernière lettre d'Arthur. Je ne veux toujours pas savoir si à l'intérieur, il s'émouvait de mon silence, s'il s'en torturait en grand supplicié, ou s'il comprenait, s'il pardonnait, s'il partageait un peu le point de vue. De toute façon, tout ça, c'est du passé. Je l'ai laissé filer, loin derrière moi, loin dans l'obscurité étoilée, dans les champs bleus des événements évanouis à jamais.

Je ne suis toujours pas une héroïne de roman ni une grande actrice tragique. Quel intérêt de savoir précisément ce qui m'est arrivé, ces dix dernières années ? Je n'ai rien d'extraordinaire, je ne suis pas née pour faire fantasmer ni faire pleurer dans les chaumières.

Je suis une fille banale. Des rêves, comme tout le monde, qu'est-ce que ça peut faire, que je les aie réalisés ou non ? Des qualités, et puis des défauts et des failles, un cœur qui bat et des poumons qui soufflent, et personne n'a le droit de juger.

Je ne suis pas une créature de fiction. De chair et d'os, j'avance à chaque instant, je ris doucement ou je pleure discrètement, en fonction des moments. Ou je ne fais rien, tout simplement. La seule différence avec celle que j'étais il y a dix ans, c'est que j'ai appris le pouvoir des métaphores, grâce auxquelles l'homme se sent plus fort, face à l'inconnu grisant et bouleversant du cours de son fleuve.

Et puis, j'ai aussi compris que la vie, c'est se battre inlassablement, quels que soient nos baobabs, pour les empêcher, lorsqu'ils font éclater une planète à proximité, de nous mutiler définitivement, à coups de débris trop bien envoyés.

Ces mystères qu'on n'éclaircira jamais

« La preuve que le petit prince a existé, c'est qu'il était ravissant, qu'il riait, et qu'il voulait un mouton. Quand on veut un mouton, c'est la preuve qu'on existe. »

« Elle était bizarre, Eléa. Du coup, on ne l'aimait pas trop.
Je veux dire, on n'a jamais rien fait de méchant, hein. Juste, on ne lui parlait pas.
Je vous jure qu'on ne se moquait pas. Ou alors, quand elle ne regardait pas, quand elle ne risquait pas de nous entendre. Bon, elle n'était probablement pas idiote, elle devait se douter, c'est vrai. Elle devait nous voir chuchoter en l'observant du coin de l'œil, lorsqu'elle était plantée là, au milieu de la cour de récré. Elle posait souvent sa main sur l'écorce du platane, puis marchait autour, en rond. Lentement. Ses lèvres remuaient dans le vide.
Non, franchement, vous aussi, vous l'auriez trouvée bizarre, Eléa. Surtout quand vous vivez dans un petit village, que vous êtes dans sa classe depuis la maternelle. C'est mon cas. Et puis, après, comme tout le monde, vous allez ensemble dans le collège de la ville d'à côté. Tous les matins, vous prenez le même bus. Vous voyez le délire, quoi. On ne la jugeait pas à la légère, on la connaissait bien. Enfin, de loin.

En même temps, je suis désolé, mais ce genre de choses là, ça ne se commande pas. Personnellement, elle ne m'inspirait pas. Parce que, bon. Parler toute seule, ça craint. Enfin, à la maternelle, je reconnais qu'on l'a tous déjà fait. Oui, quand j'étais tout seul chez moi, ou même des fois, à l'école, si personne ne voulait jouer avec moi (ça arrive parfois, il y avait des jours comme ça), je me racontais des histoires à voix haute, des histoires dont j'étais le héros. J'imaginais d'autres petits garçons pour jouer avec moi. Des amis imaginaires, quoi. Mais enfin, passé le CP, les amis imaginaires, ça disparaît. Plus personne ne parle tout seul, encore moins devant tout le monde. En fait, on trouvait ça aussi gênant que de se fourrer les doigts dans le nez en public. En moins dégoûtant, mais en plus bizarre.

Mais Eléa, même en cinquième, je vous jure qu'elle s'en inventait encore. Des amis imaginaires.

Oui, oui. C'est vrai que c'était ma voisine... C'est vrai que je la connaissais un peu mieux que les autres. C'est vrai. Mais ça ne change absolument rien à ce que j'ai dit ! Je ne lui parlais pas. À l'école ou au collège. Je ne risquais pas de la harceler ou quoi que ce soit dans ce genre-là !

Bon, c'est vrai qu'on avait un point commun. Tous les deux enfants uniques. Quand on grandit, ça va, on apprend à s'en accommoder. On développe des techniques contre la solitude. Et puis, on n'a plus tant besoin de compagnie pour jouer. Pour le reste, les confidences, les délires entre frères et sœurs, on apprend à s'en passer.

Mais quand on est petit, c'est clair que c'est dur. Nos jardins respectifs n'étaient séparés que par du grillage, vous savez. Mes parents avaient la flemme d'installer un vis-à-vis, ou de planter des thuyas : c'est qu'il faut les entretenir, après. Mes parents n'ont pas la main verte.

Oui, donc, lorsqu'on jouait tous les deux dans le jardin, on se voyait. De loin. Souvent, je jouais à l'aventurier. Cela m'a toujours fasciné. D'ailleurs, j'ai tout lu, tout vu sur Mike Horn, Nicolas Vanier. Le vendredi soir, je ne rate jamais Koh-Lanta. Je pouvais passer des heures agenouillé sur la pelouse, à chercher, empiler et frictionner des bouts de bois, à entrechoquer des cailloux, dans l'espoir de produire des étincelles.

Elle, encore et toujours, elle se parlait à elle-même. À croire qu'elle ne s'arrêtait jamais de marmonner. Une vraie pie ! Elle aurait sans doute très bien pu s'entendre avec Lola, la bavarde de la classe, celle que depuis la maternelle tous les profs rappellent à l'ordre. Mais on aurait dit qu'Eléa n'avait aucun intérêt pour les vraies personnes. Il n'y avait que celles de son monde qui comptaient.

De ce que je sais, ses parents étaient tout à fait normaux. Ils étaient sympas. Sa mère proposait tous les étés des prunes de leur jardin à la mienne, et je me régalais, me goinfrais même, de tartes. Nos pères discutaient parfois météo, football ou tondeuse à gazon. Même moi, quand je le dis, je sais que ça sonne cliché. C'est bien la preuve qu'ils étaient tout ce qu'il y a de plus normaux, rien à signaler. Je ne sais même plus quel était leur métier, d'ailleurs. J'ai oublié.

Bon, d'accord, j'admets que j'ai un peu arrangé la vérité. Je lui ai déjà parlé, à Eléa, OK. Je ne pensais pas que ce serait si important. Je ne voulais pas que ça prenne trop de temps...

C'était il y a si longtemps... Une journée ensoleillée, en plein cœur du mois de juillet. La chaleur nous écrasait, nous étouffait.

Je regardais les nuages défiler dans le ciel, étalé dans l'herbe. Ils étaient poussés par une brise inexistante à l'altitude zéro.

Je l'ai entendue arriver en chantonnant. Je m'ennuyais, j'étais morose, le matin même, j'avais percuté sans le faire exprès ma tour Lego, celle que j'avais passé des heures à construire, et elle avait explosé sous le choc, envoyant des briques voler dans toute la pièce. J'avais besoin de me changer les idées. Nous devions avoir sept ou huit ans.

Alors je me suis à moitié redressé, et, à demi appuyé sur mon coude, tourné vers elle, je lui ai demandé :

— À qui tu parles ?

Je me souviens que ça sonnait presque plus agressif que je ne le voulais. Elle m'a longuement dévisagé, au point que j'en ai même rougi. Elle avait un drôle de regard, Eléa. Tellement intense qu'il en était douloureux. Impossible à soutenir. Je me souviens encore de la couleur de ses yeux. Ils étaient bleu glacier. Intransigeants.

Elle a fini par juger que, même si j'étais un garçon de chair et d'os, j'étais sans doute digne d'une réponse, fut-elle laconique. Alors elle a articulé, très vite et d'une voix sifflante, comme pour se débarrasser le plus rapidement possible de ces mots qui m'étaient destinés :

— À mon ange gardien.

J'ai écarquillé les yeux, un peu abasourdi. Pour moi, les anges gardiens, ça a toujours été un délire de grand-mère un peu folle, superstitieuse comme pas deux, le genre à se signer devant un chat noir et à toucher du bois d'un air inspiré, l'autre main portée à son cœur, pour conjurer le mauvais sort. Toute bizarre qu'elle était, Eléa aurait pu trouver mieux !

À ma tête, elle a dû se sentir obligée de préciser. D'expliquer. Peut-être que finalement, elle n'était pas tant perdue dans son monde que ça. Oui, peut-être que finalement, parfois, la compagnie de vrais enfants lui manquait. Peut-être qu'on aurait dû aller lui parler, je le reconnais. Maintenant que je me rappelle tout ça, je regrette. Un peu.

— Il me protège, tu sais, a-t-elle dit sur le ton de la confidence. Il vient combattre pour moi. Il essaie, en tout cas. Mais il aimerait bien pouvoir faire comme tout le monde, toucher l'herbe, sentir le vent, goûter les prunes... alors je lui raconte ce que ça fait.

J'ai hoché la tête, un peu perplexe. Je ne savais pas quoi dire. J'avoue qu'une part de moi avait envie de se moquer, mais... Ses yeux étaient tellement sérieux. Je me suis recouché dans l'herbe et j'ai regardé les nuages. Je n'avais pas de mots. Elle était trop bizarre. Mais peut-être, oui, que j'aurais dû essayer. Peut-être que c'était juste une gamine très, très seule.

(Et apeurée au point d'imaginer quelqu'un pour la protéger ?)

Au collège, il y avait de sacrés ragots qui couraient sur elle. C'étaient les filles qui les colportaient, et nous, on les écoutait. Des histoires de vestiaires. Elle portait encore des culottes Hello Kitty mille fois trop petites et tachées de sang, parce qu'elle ne connaissait rien aux trucs de filles. Un vrai bébé, qu'elles disaient. Elles rapportaient ces faits d'un air mi-dégoûté, mi-compatissant, avec une espèce de fascination étrange. C'était trop différent de tout leur monde, leurs petites habitudes, leurs repères. Eléa était hors classe.

Le sport devait être un calvaire pour elle. Entre les regards qui se fixaient sur elle dans les vestiaires, des regards pas forcément bienveillants, mais toujours insistants, et les capitaines d'équipe qui s'arrangeaient toujours pour la choisir en dernier lors des jeux collectifs, et sa maladresse... Parce qu'elle devait tomber sacrément souvent, pour avoir autant de bleus sur le corps, disaient les filles. C'est vrai qu'en courant, elle se prenait parfois les pieds dans ses lacets mal faits. C'est vrai qu'elle laissait souvent la balle lui échapper.

Il y a eu une deuxième fois. Où je lui ai parlé, je veux dire. Une dernière fois.

C'était il y a deux semaines peut-être, je ne sais plus trop bien. Pour moi, c'était encore un épisode sans importance. Un détail. De minuscules minutes oubliées le soir même.

On descendait tous les deux au même arrêt de bus, après les cours. Il était déjà dix-sept heures trente passées, il faisait nuit. Une fine bruine glaciale nous glaçait jusque l'os.

Comme elle s'installait systématiquement sur la première rangée de sièges, elle sortait toujours un peu avant moi. Elle me précédait de quelques pas sur le chemin, et ça aurait pu s'arrêter là. Comme ça avait été le cas les soirs précédents.

Mais ce soir-là, j'étais d'une humeur de dogue. Je veux dire, je venais d'avoir un huit en maths. Mon père allait probablement m'engueuler sec. Avec ça, j'étais en froid avec un de mes meilleurs amis, Jonas, pour une histoire débile, je ne sais même plus quoi. Bref, ça n'allait pas. J'avais désespérément besoin de me défouler.

Alors, sans même trop comprendre pourquoi, j'ai pressé le pas. Nous étions seuls. Les lampadaires projetaient sur nous une lumière orangée. Entre les cercles lumineux qu'ils projetaient sur le macadam, tout était pénombre.

— Eh ! Attends-moi !

Elle a sursauté, et je l'ai rattrapée. Elle me dévisageait à nouveau, ses yeux écarquillés, leur couleur inchangée, après toutes ces années. La regarder, c'était sauter dans le passé. Puis elle s'est remise à marcher comme si de rien n'était, et je l'ai imitée. Pendant quelques mètres, nous n'avons pas parlé. Mais la frustration en moi toujours montait. Et montait. Encore et encore.

— Alors, il est toujours là ?

Ma voix dégoulinait de sarcasme et de méchanceté. Je ne l'ai pas reconnue. Eléa n'a même pas eu l'air surprise, elle devait savoir de qui je parlais. En même temps, si peu de personnes lui adressaient la parole, elle se souvenait sûrement de cette lointaine journée d'été.

— Évidemment. C'est pour la vie.

Comment pouvait-elle s'exprimer aussi naïvement ? Mon agacement a flambé. On aurait dit une gamine de cinq ans, sérieux ! Il allait vraiment falloir qu'elle se confronte au vrai monde, et vite. On avait déjà quatorze ans, à présent.

Alors, avec une voix mauvaise, je lui ai dit :

— Mais t'es bête en fait ? Tu sais pas que ça existe pas, tout ça ?

Au fond, sous mon vernis de frustration, je jure que je n'avais pas tant de mauvaises intentions. C'était juste... enfin, mince à la fin, il fallait bien que quelqu'un lui dise ! À quatorze ans, ça craint tout ça. Bien sûr, je n'aurais pas dû céder comme ça à mon besoin de me défouler. Mais voilà, c'est comme ça que ça s'est passé. Sur le coup de l'impulsion.

— Bien sûr que si, il existe. Il est toujours à mes côtés.

— Mais n'importe quoi ! T'as raté une étape ? Les amis imaginaires, c'était drôle jusqu'en CP !

Je n'ai jamais compris pourquoi elle ne s'était pas rebiffée. Peut-être a-t-elle été prise au dépourvu par la violence de mon ton, de mes mots. Ou peut-être qu'elle était trop gentille. Ou peut-être qu'elle s'en fichait.

— Ce n'est pas un ami imaginaire. C'est mon ange gardien, a-t-elle simplement répliqué.
— Pfff, joue pas sur les mots. Qu'est-ce que ça change ? C'est dans ta tête tout ça. T'es juste une dingo. Folle à lier. Tu vas finir dans un hôpital, tu sais ? Avec les gens de ton genre. Ceux qui entendent des voix.
— Il existe, elle a répondu calmement.
Je lui ai ri au nez. Je ne me reconnaissais plus, je ne réfléchissais plus, j'étais comme possédé.
— Ah ouais ? T'as une preuve ?
— La preuve, c'est qu'il est magnifique avec ses cheveux qui brillent, qu'il est le seul à me sourire et qu'il veut me protéger. Quand on veut protéger quelqu'un, c'est la preuve qu'on existe.
Et ça s'est arrêté là, parce qu'elle était arrivée devant chez elle et qu'elle a poussé le portillon, avant de le claquer brutalement et de s'engouffrer dans son jardin. Et je suis resté là comme un idiot, planté sous la bruine.

Et puis c'est tout. On n'a jamais plus été en contact depuis. C'est bon, maintenant j'ai tout dit. Je vous jure que je ne pensais pas... enfin, c'était rien, quoi. Rien que des réflexions de gamin. Finalement, elle devait être à mille lieues de ça... Vous voyez bien qu'on n'a rien fait de mal. Que je n'ai rien fait de mal. »

Le policier quitta son écran d'ordinateur du regard pour fixer longuement l'adolescent. Mal à l'aise, celui-ci se trémoussa sur sa chaise en plastique blanc, qui grinça misérablement. Oui, misérable, c'était bien le qualificatif qui s'accordait à toute cette affaire. Une gamine, manifestement dérangée avec ça, qui disparaît du jour au lendemain. Fugue, suicide ? Ou quelque chose de plus sombre encore ? L'enquête venait tout juste de commencer, et le brigadier se sentait déjà répugné par tous ces détails qu'il commençait tout juste à exhumer.

— Merci pour ta déposition, Mathieu, finit-il par soupirer. On te rappellera, si jamais.

Alter Ego

« Tu te jugeras donc toi-même […]. C'est le plus difficile. Il est bien plus difficile de se juger soi-même que de juger autrui. »

Elle me regarde, pleine d'incompréhension, assise élégamment sur son canapé en cuir hors de prix, sa flûte de champagne toujours à la main, et je sens une vague de haine monter en moi. Cela déferle dans ma tête, dans mon cœur, ça résonne dans tous mes os. Tout se brouille et je n'entends plus que le staccato rapide des battements de mon cœur. Mû par la colère, rien que par la colère. Elle n'a pas le droit. Pas le droit. C'est moi. Moi qui devrais être assise à sa place. Moi avec les vêtements luxueux, les sacs de créateur, à boire du champagne à soixante-dix euros la bouteille. Moi, et pas elle.

Toute ma vie, elle m'a volé ma place. Il est temps de réparer cette injustice.

Ça a commencé le jour de notre naissance, je pense. J'étais née la première, à six minutes près, mais lorsqu'elle est arrivée, elle m'a instantanément éclipsée. Madame avait les poumons un peu encombrés, rien de grave, mais les médecins se sont inquiétés. Il y a eu un bref passage en couveuse, des heures et des heures durant lesquelles ma mère me serrait machinalement contre elle, l'esprit tout entier tourné vers son autre fille. Dès le début, elle a pris tout l'espace. Dès le début, elle a empli ma place de sa présence poisseuse, collante, écrasante. Dès le début, c'était elle qui était censée avoir du mal à respirer, et c'était pourtant moi qu'elle étouffait.

— Louise ? Je ne comprends pas. Qu'est-ce qui ne va pas ? Quel est le problème ?

Sa voix pleine de sollicitude m'est insupportable. Je la hais, je la vomis, je transpire la colère de tous mes pores, et elle ne comprend pas ? Elle le fait exprès pourtant, elle n'est pas si idiote. Oh non, brillante comme elle est... Elle est retorse et manipulatrice, elle essaie encore de me duper, d'endormir ma vigilance, pour pouvoir user de moi à son gré. Pour se distraire. Pour s'amuser. Pour avoir un faire-valoir, qui, par le jeu des ressemblances frappantes et des contrastes qui en sont d'autant plus violents, fasse encore plus éclater devant le monde entier à quel point elle est douée. Mais tout cela, c'est terminé.

— Mais toi, Lucie. Toi. C'est toi, mon problème.

Et j'éclate d'un rire nerveux, grinçant, plein de sarcasme. Car, à cause d'elle, quelle farce a été ma vie ! Quelle triste, quelle pathétique comédie !

Je n'ai pas beaucoup de souvenirs de nos premières années. Mais les photographies sont tout aussi évocatrices. À elles seules déjà, elles dévoilent la vérité. Cette vérité que tout le monde préfère ignorer. Moi la première, j'ai pendant des années muselé mon amertume devant tout ce qu'elle me volait. Je me disais que je me faisais des idées, que j'exagérais. Après tout, tout le monde l'adorait. C'était peut-être moi, le problème. Voilà toutes les horreurs que j'ai pu penser, à mon propre sujet ! Moi aussi, j'étais aveuglée par son charme, sa grâce, la lumière qu'elle dégageait. Que d'illusions ! Mais les albums souvenirs disent la vérité. Sur l'une des pages, on nous voit, deux gamines potelées de deux ou trois ans ; elles jouent gaiement dans une piscine gonflable bleue. N'importe qui, quelqu'un de pas assez attentif, s'arrêterait là. Mais on perçoit déjà bien que l'une est plus fine, plus harmonieuse, plus souriante, plus radieuse. Autour d'elle, elle accapare les arrosoirs miniatures et les petits bateaux de plastique. Elle prend plus de place, la lumière illumine ses magnifiques boucles blondes. Son maillot de bain lui va mieux. Elle sourit plus largement. Elle me vampirise. Déjà à cet âge elle croit avec vigueur, belle plante, elle prend tout et ne me laisse que les miettes. Et moi, un peu en retrait, dans son ombre, je suis condamnée à vivoter sur ce qu'il reste. Mon sourire est déjà un peu plus faux. Un petit peu plus figé. Un petit peu plus forcé.

— Louise, calme-toi. Tu dois être un peu fatiguée, un peu sur les rotules, non ? C'est normal, ça arrive à tout le monde... si tu veux je t'héberge ce soir, va donc faire une bonne nuit de sommeil. J'ai des compléments, pour bien dormir, si tu veux, de la mélatonine en comprimés. Rien de fort, promis, mais c'est un petit coup de pouce toujours appréciable. On pourra reparler de tout ça demain, si tu veux, à tête reposée, ce sera mieux.

Encore sa stupide manie de minimiser tout ce qui me concerne, de m'infantiliser, de me contenir dans un enclos minuscule, pour mieux m'éclipser. Mais ce soir, ma colère déborde des cadres qu'elle veut m'imposer. Je ne suis plus une gamine solitaire et angoissée. Et plus jamais, oh non plus jamais, je ne serai faible face à elle.

— Je vais très bien, je grince. Mieux que tu ne le crois.

— Louise, le médecin a parlé de dépression et...

— Ça te plaît, hein ? Une sœur dépressive que tu pourrais aider à aller mieux, tirer du fond du gouffre pour encore bien te faire voir, quelle aubaine ! Mais je vois clair dans ton jeu de bonne petite Samaritaine.

— Louise, tu m'inquiètes, là. Sérieusement, tu ne veux pas aller dor...

— Mais ta gueule, putain ! Louise par-ci, Louise par-là, pauvre Louise, Louise trop fragile, Louise la pathétique ! Avec toi, c'est toujours pareil, comme si j'avais quatre ans, comme si je ne savais rien ! Et toi, tu sais tout, hein ? Mais c'est vrai, j'oubliais, tu es *tellement* meilleure que moi.

Et effectivement, c'était ce que tout le monde avait toujours pensé. Louise excellait, excelle, en tout. Personne ne pouvait soutenir la comparaison, encore moins moi. C'est une fille sportive, championne de France junior de badminton à seize ans, brillante dans les études, devenue une spécialiste reconnue de je ne sais quelle branche de la médecine. Qu'est-ce que j'en ai à foutre, elle m'étale déjà assez bien sa réussite devant la figure. Avec ça, avec l'adolescence, elle s'est transformée en une sublime créature aux longs cheveux blonds lumineux, délicatement ondulés, aux jambes fines et interminables, à la taille bien marquée, à la poitrine pile de la taille qu'il fallait. La perfection incarnée, elle aurait facilement pu devenir mannequin, si elle l'avait voulu. En réalité, elle peut avoir ce qu'elle veut, tout ce qu'elle désire. Je ne parle même pas des hommes. Dès le lycée, elle obtenait tous les garçons que je passais des heures à contempler en silence, sans oser les aborder. Elle, elle n'avait pas besoin de s'embarrasser de sentiments comme la timidité.

— Oh, Louise...

Sa voix tremblote, elle a les larmes aux yeux, comme si elle était sincèrement désolée pour moi. Quelle comédienne ! Elle sait si bien tromper son monde... Mais elle ne m'aura plus, moi.

— Je ne suis pas meilleure que toi. Je ne sais pas ce qui t'a mis cette idée stupide en tête, mais...

Et voilà. Encore une fois à me décrédibiliser, à m'infantiliser. Comme si j'étais une petite chose pathétiquement influençable.

— Je veux que tu saches que je t'admire énormément. Tu as tout en toi pour réussir, Louise, il faut juste que tu en prennes conscience. Regarde, ne serait-ce qu'au niveau professionnel, tu as plein de possibilités d'avancement. Tu pourrais facilement obtenir plus de responsabilités, si tu prenais un peu plus confiance en toi et si tu...

— Ne. Me. Dis. Pas. Ce que j'ai à faire, je siffle. Peut-être aurais-je plus confiance en moi si tu ne m'avais pas tout pris. Tout. L'attention. Les quelques domaines où j'aurais pu m'illustrer, sans toi pour tout gâcher. Tu veux un exemple ? Tu n'aurais jamais commencé le badminton, si tu n'avais pas voulu m'imiter. Et à partir de là, c'était fini pour moi. Je t'épargne d'autres illustrations, on y passerait la nuit. C'est moi qui devrais être là, dans cet appart, avec cette vie, si tu m'en avais laissé la place. L'opportunité. Il fallait toujours que tu ramènes tout à toi, que tu me pousses sur le côté. Évidemment que je n'y suis pas arrivée ! Toute la confiance, l'assurance qu'il aurait fallu, tu me l'as vampirisée. Tu m'as étouffée. Tu as pris la vie à laquelle j'aurais dû arriver.

Face à une personne qui s'arrange toujours pour être au centre de l'attention, quelqu'un qui réussit toujours tout, comment pouvait-il en être autrement ? J'étais toujours dans l'ombre, ignorée, dédaignée. Par notre famille, oh Lucie est brillante, et euh... Louise se débrouille ; par nos amis, aussi. Les rares personnes que je réussissais à approcher m'ont toujours oubliée dès qu'elle s'approchait. Je n'ai jamais pu faire le poids, elle faisait tout mieux que moi. Elle portait mieux que moi mes propres vêtements, elle faisait immédiatement succomber tous ces garçons que j'appréciais, avec qui je tentais maladroitement de discuter, elle avait toujours la meilleure note. Face à la lumière éclatante qu'elle projette sur tout son entourage, je suis rapidement devenue invisible. Même des années après, elle a continué à m'éclipser. Des études brillantes pour un boulot qui a l'avantage d'à la fois faire rêver, d'imposer le respect et de rapporter beaucoup trop, pour une femme qui bientôt fera tourner les têtes en tant que plus belle des mariées, au bras du prince charmant incarné, Antoine, beau gosse incontesté au métier d'avocat, qui lui offre en plus les moyens et la renommée. Cela semble presque trop beau pour être vrai. Mais ma sœur a bel et bien obtenu une vie de conte de fées. Forcément, elle a toujours su avoir ce qu'elle voulait. À côté, j'ai hérité d'un boulot aux contours flous, terne, monotone et sans aucun romantisme, tout aussi gris que le reste de ma vie. Mon existence est banale, ennuyeuse, solitaire, je suis encore célibataire. Je n'ai rien, à côté d'elle. Si on m'en avait laissé l'opportunité… La vie est une jungle et une place comme la sienne, il n'y en avait qu'une. Elle aurait dû me revenir. Mais elle me l'a volée. Elle m'a expulsée de la pleine lumière.

— Tu délires, là, Louise. On a chacune fait nos choix et…
— Tais-toi ! je hurle. Tais-toi ! C'est fini, ça ! Tu vas arrêter de me dire ce que j'ai à faire ! De me parler comme si j'étais une gosse attardée ! Je n'ai PAS eu le choix, parce qu'à côté de toi, il n'y avait plus de place pour exister ! J'étais la première née ! Je devais avoir tout ça ! C'était pour MOI !
— Je suis désolée que tu ressentes ça comme ça, mais…
— Tais-toi ! Tais-toi !

Bruit de verre brisé. Pluie d'éclats en cascade sur le tapis blanc immaculé. J'ai envoyé la flûte voler. Le champagne hors de prix éclabousse ma main, la sienne, son chemisier. Elle s'était levée, elle recule d'un pas, sous le choc. Et pour la première fois, je vois s'effacer la tranquille assurance dans ses yeux. Maintenant, une lueur de crainte. À cause de moi.

Elle commence à avoir peur. De sa propre jumelle.

Et cela me grise.

Dernière tentative de sa part, malgré tout. Dernière tentative vouée à l'échec.

— Tu juges mal la situation, Louise... Tu nous juges mal, tu te laisses emporter... Je t'en supplie, calme-toi... Tout va s'arranger...

— Je ne suis pas la plus conne de nous deux. C'est la dernière fois que tu me prends de haut. La dernière fois.

Un pas.

— Louise, je te jure que je vais appeler quelqu'un, là. Tu me fais peur. Calme-toi, s'il te plaît, calme-toi !

L'accent hystérique de sa voix, qui dérape sur les derniers mots. Ne plus jamais être regardée de haut.

Obtenir enfin la vie dont je rêve. La vie qu'elle m'a volée. La vie qu'elle a.

La faire taire, enfin. Effacer son ton condescendant. Lui faire ravaler son orgueil.

La laisser dans l'ombre, pénétrer dans la lumière dont elle m'exclut.

La faire taire.

Étouffer son orgueil.

Reprendre tout ce qu'elle m'a volé.

À jamais.

Les belles photos

« On ne voit bien qu'avec le cœur ; l'essentiel est invisible pour les yeux. »

Andréa prit une grande inspiration, vérifia pour la énième fois la perfection de son maquillage et de sa tenue dans le grand miroir à pied placé dans un coin de sa chambre, puis alluma son portable et lança le live Instagram.
C'était devenu une routine, pour elle. Ces vidéos supposées être spontanées, débordantes de fraîcheur et d'imprévus, pour mieux montrer la « vraie vie, 100 % authentique » de l'incontournable personnalité d'Internet, elle les préparait le plus minutieusement possible, pour donner la savante et artificielle impression de naturel nécessaire, sans pour autant risquer d'entamer sa réputation impeccable. Sans doute était-ce encore une manifestation de son besoin obsédant, dévorant, de tout contrôler, la moindre facette de sa vie. C'était pour cela que, depuis qu'elle s'était lancée, elle rencontrait un tel succès : elle était faite pour cette activité, elle était taillée pour cela. Un don pour la mise en scène, quelques capacités de retouche photo et de communication, un joli minois, un corps de rêve et surtout un contrôle prégnant de son image, au point de modeler à partir de rien une vie parfaite, propre à faire rêver les masses désœuvrées

scrollant des heures durant sur Instagram, les yeux pleins d'envie. Cette réussite, elle la savourait chaque minute ; c'était une sacrée belle revanche, elle que sa mère traitait de bonne à rien superficielle, « fais quelque chose ma fille ou tu finiras par faire le tapin » (de la part d'une mère prof de français, c'était le comble de la vulgarité), elle que son père contemplait longuement d'un air dépité à chaque nouveau bulletin scolaire. À présent, c'était elle qui pouvait subtilement les regarder de haut, en leur offrant des cadeaux d'une valeur telle qu'ils n'auraient jamais pu se les offrir avec leurs minables salaires de fonctionnaires, certes surdiplômés, mais aussi et surtout surexploités. Oui, une sacrée belle revanche, sur la vie, et le mépris qu'elle avait toujours subi.

Alors, oui, pour réussir, elle avait dû en faire, des sacrifices, se créer et instaurer toute une série de petits rituels que n'importe qui trouverait étouffants. Sa vie était, depuis bientôt trois ans, cadrée au millimètre près, avec, en guise de hors-champ, de petites compromissions minables pour porter à bout de bras le décor, pour maintenir sous le feu des regards inquisiteurs l'enchantement parfait qu'elle avait tissé. C'étaient des détails, de petits riens qu'on accomplit sans y penser et qui finissent, sans que l'on se l'avoue, par vous écraser. C'était poster une photo d'un plat parfait, « healthy », bien protéiné, coloré et disposé avec soin dans l'assiette, dans une quantité suffisante pour qu'on ne l'accuse pas d'étaler en modèle la sous-alimentation ; et en jeter la moitié, pour ne surtout pas risquer de trop manger, pour ne pas avoir le ventre gonflé, pour ne pas prendre un seul gramme. C'était passer une soirée avec des amies au bar, immortalisée par des stories où éclatent la franche camaraderie, l'insouciance et le bonheur, après les avoir jalousées et critiquées pendant des heures, ces amies embarquées dans la même course aux followers et aux likes, après avoir pleuré devant le miroir, parce que rien ne lui allait et qu'elle allait encore compter les haters parmi les centaines, les milliers de commentaires. Mais tout cela, et tant d'autres choses encore, elle avait fini par l'accepter ; après tout, ce n'était que l'envers du décor. Après tout, lorsqu'on ouvrait sa page Instagram, tout ce que l'on voyait, c'était une vie faite d'escapades, de loisirs et de voyages (sans oublier le sacro-saint « mode de vie sain », ou « healthy lifestyle », pour les anglophones), c'était une magnifique jeune femme de vingt-cinq ans, souriante et accomplie, dynamique et avec des projets plein la tête. Tout ce qu'on voyait, c'étaient de belles, de sublimes photos.

Des photos aux couleurs pixellisées, d'un naturel si travaillé qu'on ne sentait plus affleurer l'artificialité, de belles photos destinées à vous faire rêver.

Lorsqu'elle se prenait en photo ou en vidéo, Andréa rangeait toujours minutieusement son décor. Aucun détail ne devait clocher. Pas de mouchoir froissé sur la table de chevet, pas de miettes rescapées du petit-déjeuner sur la table. Même ses clichés 100 % naturels étaient travaillés... et retouchés. Personne n'était dupe, cela faisait partie des règles du jeu. Andréa maîtrisait les codes, elle savait en jouer. C'était pour cela que tout lui réussissait.

Objectivement, lorsqu'elle se retournait et contemplait sa vie durant les dernières années, elle se demandait ce qu'elle avait raté, et rien ne lui venait. Quelques contrats de mannequinat photo, des partenariats avec de grandes marques intéressées par la nouvelle étoile montante des influenceuses, un nombre toujours croissant d'abonnés, des projets qui les uns après les autres s'épanouissaient ; ça, c'était le bilan brillant du purement professionnel. Puis, grâce à Instagram et aux contacts, aux réseaux, des rencontres, de super soirées ; depuis un an et dix mois, un petit ami absolument parfait. Des voyages, un appartement spacieux et très bien agencé. Elle regardait sa vie, l'ébahissement dans les yeux de ses parents, les sourires chaleureux des abonnées qui la reconnaissaient dans la rue (tant de fierté dans leurs prunelles lorsqu'elle acceptait de poser sur un de leurs selfies !), les commentaires sous ses publications qu'elle faisait défiler ; et elle ne voyait que des clichés, des instantanés. De belles photos. Figées. Sur l'écran, ou le papier glacé des Polaroids (c'est que c'est revenu à la mode, ces machines-là !).

Et derrière, quoi ? Un décor qu'elle avait soigneusement monté de toutes pièces. Et derrière encore, le vide. Le vertige. Elle inspectait, fouillait dans les moindres recoins, et ne voyait rien, rien qui la rende réellement heureuse. Le bonheur, sur ses photos, tout le monde pouvait le voir s'étaler. Mais elle-même ne le connaissait pas, ne savait pas ce que c'était. Elle ne savait qu'en donner l'illusion, en rendre l'image. Une belle photo. Voilà tout ce qu'était le bonheur, toute sa vie depuis trois ans. Elle se réveillait le matin, se demandait pourquoi elle maintenait tous ces rituels, amusants en surface mais si étouffants par derrière. Et puis elle contemplait autour d'elle le confort, le luxe même, et elle se disait qu'elle ne savait rien faire d'autre, mais qu'elle ne pouvait plus s'en passer.

Alors elle souriait, et avançait les yeux fermés, pour ne pas voir le gouffre autour d'elle.

Ce fut un minuscule incident qui bouscula le fragile équilibre qu'elle s'était construit pour le bien de sa santé mentale. Un petit rien, un accrochage comme il pouvait en arriver tant dans une vie comme celle qu'elle s'était choisie. Juste un commentaire de plus dans la masse de ceux, haineux, qu'elle pouvait recevoir ; une insulte bien sentie, une accusation d'artificialité (mais tournée de façon nettement moins euphémistique, il est vrai), et puis le traditionnel « tu as bien grossi, envisage un régime ☺ ».

Elle resta là, figée, à scruter l'écran et son dernier cliché (d'où avait-elle bien pu grossir ?). Cette fois-ci, c'était la goutte d'eau de trop. Elle endurait, pour faire rêver des masses de jeunes adultes désœuvrés, une infinité de tourments, et voici comment on la récompensait !

Peut-être que tous ces gens avaient raison, peut-être qu'elle n'était qu'une pouffiasse décérébrée de plus, qui s'exposait sur Internet pour pallier par la plastique le manque de moyens intellectuels. Elle ne savait même pas ce que signifiait tout ça : après quoi courait-elle, pourquoi ces images marchaient-elles plus que d'autres ? Pourquoi ses images à elle plaisaient ?

Parfois, elle n'en pouvait plus. Parfois, cela devenait trop lourd à porter. Elle aurait pu se contenter d'une vie médiocre, sans histoire, cette vie à laquelle ses parents la destinaient. Aurait-elle ressenti autre chose que ce vide ahurissant qu'elle éprouvait maintenant, pendant que ses yeux fixaient l'écran au point d'en pleurer, à la recherche de la moindre trace de cellulite qu'elle aurait pu oublier d'effacer et que d'autres auraient repérée ? À la place, elle avait choisi la lumière crue (voire cruelle) des projecteurs du vingt et unième siècle, des projecteurs qu'elle avait en partie choisi de braquer sur elle-même. Mais la vérité était qu'elle y avait été aussi poussée. Personne n'avait fait de concession pour elle, on la méprisait pour sa lenteur à l'école, et son désintérêt à l'égard de tout ce qui touchait le domaine scolaire. Elle était pourtant loin d'être

« conne », contrairement à ce qu'on lui disait. En témoignait le succès de tous ses projets récents. Elle était juste... cruellement inadaptée au cadre, juste ignorante de la façon de trouver ce dont elle rêvait. Rien ne la convainquait parmi les choix classiques, alors elle avait fait du mieux qu'elle pouvait, elle avait bifurqué, choisi la vie alternative. Elle avait choisi de vendre son image et donc son influence, elle avait choisi de vendre du rêve, comme auparavant d'autres influenceuses l'avaient fait rêver. Si seulement elle avait su, à l'époque, quel vide il y avait derrière toutes ces belles photos !

— Mathéo ?

— Hmm ?

Son petit ami ne l'écoutait qu'à moitié, mais elle continua quand même. Coûte que coûte, lui demander.

— Tu trouves que j'ai grossi, toi ?

— Pourquoi, tu as eu des commentaires à ce sujet ?

— Quelques-uns, oui.

Mathéo détacha rapidement le regard de son écran et lui jeta un coup d'œil critique.

— Tu pesais combien ce matin ?

— Cinquante et un virgule un kilos.

— Bah, je ne vois pas de raison de t'inquiéter. De toute façon, je ne comprends pas que tu t'en préoccupes, juste pour quelques commentaires. Tu sais bien comment sont les gens sur Internet...

Non, il ne comprenait pas, ne cherchait pas à savoir pourquoi elle s'en préoccupait. Ressentait-il lui aussi ce vide béant à l'intérieur de lui, face à sa vie ? Et ne voyait-il d'elle que l'image qu'elle renvoyait, ou la connaissait-il au plus profond de son cœur pour ce qu'elle était vraiment, loin sous le maquillage, loin sous les paillettes et les artifices ? Elle n'osa pas lui demander. De toute façon, il était occupé.

Au cœur de la nuit, elle se tourna et se retourna dans son lit. Elle n'arrivait pas à trouver le sommeil. Pouvait-elle vraiment continuer ainsi ? Tous ces yeux qui la jugeaient d'après ses photos, pas un qui grattait sous la surface, le vernis doré, pour tenter de la découvrir. Son entourage proche ne faisait pas exception. Même ses propres parents n'avaient jamais usé que de leurs yeux pour la juger, la catégoriser, la cataloguer.

Elle se plut à rêver, l'espace d'un instant, à une autre vie, une qui lui ferait réellement envie, une qui la ferait rêver elle, et pas les autres. Que désirait-elle, à quoi aspirait-elle vraiment ? Elle s'imagina perdue au milieu des champs, tenant une adorable petite blondinette par la main (sa fille ! donner la vie !), tout en cueillant des mûres sauvages. Elle s'imagina gérer toute une exploitation, sentir le contact de la terre, riche, si féconde, si vraie, entre ses mains, sous ses ongles plus si impeccablement manucurés. Produire de bons légumes, de bons fruits, regarder les levers de soleil, renouer avec la vie. Elle pouvait, elle avait la mise pour se lancer. Juste contrôler la qualité de sa production, un petit truc à taille humaine, une ravissante bâtisse en pleine nature, rustique et pleine d'histoire, qu'elle rénoverait pour servir également de gîte et de chambre d'hôte. Elle en était capable et elle en avait maintenant les moyens. Il n'y avait plus qu'à…

Elle ferma les yeux et s'endormit en souriant.

Le lendemain matin, elle éteignit son réveil et se lança dans ses habituels rituels, si lassants, si contraignants. À onze heures, elle avait prévu un live « spécial FAQ » sur Instagram. Il fallait bien s'y coller. Car la vérité était que le vide du décor était infiniment plus rassurant que l'inconnu que son cœur désirait pourtant percer. Infiniment plus rassurant, oui. Les belles photos dont se repaissaient les yeux d'inconnus n'étaient-elles pas l'image du bonheur, approuvée par la majorité ? Si elle continuait ainsi, elle finirait par l'éprouver pour de vrai.

Ce bonheur conventionnel, en papier mâché.

Conversation entre déesses

« Quand on est tellement triste, on aime les couchers de soleil. »

Artémis trouva Athéna, sa demi-sœur préférée, assise sur un quelconque îlot rocheux perdu dans la mer Égée, les jambes pendant dans le vide. Elle avait les yeux (ses magnifiques yeux pers que toutes les déesses, lorsqu'elles y songeaient, lui enviaient) fixés sur l'horizon, perdus dans le vague. Là-bas, au loin, sur l'horizon, le soleil se couchait. Hélios rentrait chez lui ; le ciel se parait de subtiles teintes rosées et orangées, tout un panorama en camaïeu que la déesse des arts et techniques reproduirait sans doute ensuite sur son métier à tisser. Les couchers de soleil... Athéna disait souvent que la seule perspective de pouvoir assister à une infinité d'entre eux la remplissait de joie et la rendait plus heureuse d'être immortelle. Artémis s'assit à côté de sa sœur. Pendant longtemps, à peine une poignée à secondes à leurs yeux, elles ne dirent rien. Le soleil se coucha, et la nuit les drapa comme un épais manteau de velours noir, piqueté d'étoiles. Éole avait lâché Zéphyr, qui s'amusait à faire voleter les délicates boucles de leurs cheveux. Le bruit des vagues rythmait le passage du temps, en substitut des battements du cœur qu'elles ne possédaient pas. Pas un bateau, ni navire de guerre ni frêle esquif de pêcheur, ne voguait sur l'ondée sombre. À cet instant, il leur semblait qu'elles étaient seules au monde. Et le silence leur mettait du baume au cœur, même si elles n'en avaient aucun pour battre dans leur poitrine. Enfin, un peu de calme, de repos, après les interminables querelles, là-haut, sur l'Olympe !

— Ce qui est drôle, c'est qu'on se croit tellement surpuissantes, invincibles, tout ça grâce à l'ichor qui coule dans nos veines, le nectar et l'ambroisie qui dévalent notre gorge. Mais un jour, il nous prend l'envie de nous asseoir, seules, face à l'immensité de l'horizon et de l'océan, et on se rend compte d'à quel point on est en réalité minuscules, impuissantes, limitées. Une infime portion du Chaos dont nous sommes tous nés. Qu'est-ce qui nous différencie des humains, au fond, hein ? L'immortalité, un peu de pouvoirs, l'altitude de notre demeure et le liquide doré, plutôt que rouge, dans nos veines. La preuve : même si je le désirais le plus ardemment du monde, je ne pourrais remonter le temps pour ressusciter ce coucher de soleil. Et pourtant, il était si beau, un des plus magnifiques, un des plus purs qu'il m'ait été donné de contempler. Mais face à la marche du temps, notre volonté, que nous nous plaisons à considérer comme souveraine et à imposer au fer rouge aux humains, en ricanant et en nous réjouissant de la souffrance que nous leur infligeons, juste pour nous divertir, ne peut rien de plus que la leur.

— Tu es d'humeur mélancolique, ce soir, constata simplement Artémis.

— Quand on est tellement triste, on aime les couchers de soleil. Apollon a rêvé hier d'un mortel qui écrira cela, d'ici des millénaires. Ce sera alors un autre monde, où on ne croira plus en nous, où on n'aura plus peur de nous. Nous serons tombés dans l'oubli, relégués à jamais sur les étagères poussiéreuses des bibliothèques, dans les encyclopédies de ce qu'ils appelleront « mythologie ». J'ai hâte de lire ce mortel. Il a raison. Ses mots, étrangement, résonnent en moi.

— Pourquoi es-tu triste ? l'interrogea, peut-être un peu abruptement, sa demi-sœur, qui était nettement plus terre-à-terre et pragmatique.

— Je ne sais pas vraiment... un ensemble de choses, d'événements, de facteurs... une sorte de vague à l'âme, qui me frappe comme ça. Pourquoi ? Les dieux n'ont-ils pas le droit, eux aussi, de se sentir complètement déprimés ?

— C'est simplement que ce n'est pas le rôle qu'on s'attend à nous voir jouer. La mélancolie, ça sied bien aux grandes héroïnes tragiques. Ou à Aphrodite, quand elle rompt avec un énième amant. Nous, nous sommes supposées être grandes et dignes, en imposer, nous irriter éventuellement, nous emporter et faire pleuvoir catastrophes et malédictions, pas nous apitoyer sur nous-mêmes et sur notre sort, si pesant puisse-t-il paraître à certains moments.

— Sauf que j'étouffe, moi, dans ce rôle. À quoi cela sert d'être dotée de tels pouvoirs, si c'est pour se conformer à ce qu'on attend de moi ? Le plus triste, dans cette affaire, c'est que même les dieux et les déesses ne sont pas libres.

— Et les déesses encore moins que les dieux... chuchota Artémis, peu à peu gagnée par la tristesse sourde et résignée qui émanait de sa compagne.

— Cela va de soi. Regarde-nous, nous qui pouvons avoir la prestance et la puissance nécessaires pour intimider d'autres dieux. Sommes-nous réellement libres d'exposer ce que nous sommes vraiment ? Nous n'avons jamais de moment de faiblesse, car ce serait trop décrédibilisant, trop féminin. Pour rivaliser avec les dieux, nous devons leur ressembler.

— Et surtout, être vierges.

Athéna ricana.

— Tu l'es encore, toi ?

— La virginité, c'est un concept absolument, totalement dépassé. Je ne comprends pas pourquoi humains et dieux s'y accrochent encore si désespérément.

— Archaïques.

— Cela risque de rester ainsi encore longtemps. Mais clairement, je ne les ai pas attendus. Imagine les délices des bois, la nuit, avec ta nymphe favorite… la lune pour illuminer son teint nacré… la chaleur de son corps dans l'air glacé…

— Je n'ai aucun mal à imaginer. Même si je t'avoue que le cadre champêtre, ou forestier, ce n'est pas trop ma tasse de thé.

— Tu es furieusement anachronique, là, avec tes expressions ! Décidément, tu fréquentes beaucoup trop mon frère, ces derniers temps !

— J'adore l'écouter débiter ses prophéties et décrire le futur. Tu devrais venir le voir un peu plus souvent, c'est vraiment fascinant.

— Oh non, crois-moi, je supporte déjà bien assez souvent mon frère comme ça ! s'esclaffa Artémis. J'ai besoin d'une pause, parfois. Et puis, ses chevilles sont beaucoup trop enflées pour moi !

— C'est drôle, avec moi, il n'est pas comme ça. En tout cas, il a l'intelligence de garder son arrogance pour lui.

— Il doit se douter que demi-frère, ça protège moins que le statut de frère. Tu aurais le cran de lui faire bouffer sa tunique, moi je ne pourrais pas, je rirais trop, il me ferait pitié.

— Quel cœur tendre tu fais !

— Tu peux parler ! Je te vois bien avec Hermès ! Tu le couves en permanence, c'est étonnant qu'il te laisse faire, vu son indépendance... légendaire. L'instinct maternel refoulé, on dirait ?

Athéna haussa les épaules, l'air vaguement gêné de qui veut changer de sujet. Artémis le saisit très bien.

— Bon, tu ne m'as toujours pas vraiment dit. Qu'est-ce qui ne va pas ?

— Je te l'ai dit, je ne sais pas vraiment.

— La dernière fois que tu m'as dit ça, je t'ai retrouvée seule dans un champ d'oliviers, avec un poignard, à te trancher compulsivement les veines pour « sentir quelque chose ». Alors, tu me pardonneras si je m'inquiète. Un de ces jours, tu vas finir par faire une bêtise, une vraie.

— Bah. Je suis la déesse de la sagesse, je suis bien trop sensée pour cela.

— Et moi je suis la déesse de la chasse, mais ce n'est pas pour ça que j'attrape systématiquement ma proie.

Le silence revint. Une minute, ou peut-être plus. Elles n'auraient su le dire. Là-haut, Séléné progressait, juchée sur son char d'argent. Athéna imita une profonde inspiration humaine, presque instinctivement.

— Tu as entendu parler du nouvel aède en vogue chez les humains ? On raconte qu'il est reçu à la cour des plus grands rois. Tout le monde se l'arrache. Il fascine et il enchante, les masses et les individus.

— Tu veux parler de l'aveugle ? Celui qui rappelle furieusement Tirésias à Papa ?

— Celui-là même. Homère, qu'il s'appelle.

— Oui, eh bien ?

— Tu sais de quoi il parle ? Sur quels événements les Muses l'ont-elles lancé, pour quel récit elles l'ont inspiré ?

Artémis ne répondit rien. Elle aurait dû s'en douter.

— La guerre de Troie. Et puis Ulysse, acheva Athéna dans un souffle.

Et ses beaux yeux étaient emplis de larmes.

— Oh, Athéna, murmura la chasseresse en lui frottant maladroitement le dos, en signe de réconfort, d'apaisement.

— J'aurais tant voulu oublier cette horrible histoire. Tant qu'on ne l'évoquait pas entre nous, je n'avais aucune raison d'y penser. Et vu que je ne suis pas la seule à être tatillonne sur le sujet, eh bien... je pensais que c'était derrière moi. Mais je ne pensais pas... c'était il y a si longtemps, à l'échelle humaine... mais les hommes s'en souviennent encore. Ou les Muses leur ont donné un coup de main pour combler les trous de mémoire. Les sales petites pestes...

— Eh, ce sont tes amies, rappela doucement Artémis. Elles ne pensaient pas à mal, elles ne songeaient sûrement pas à te blesser. Ce sont les filles de Mnémosyne, il leur est naturel de souhaiter que les hommes se souviennent.

Athéna renifla.

— Je l'ai entendu. Tout ce qu'Homère chante dans les palais et les villages, je l'ai écouté. Je voulais savoir... Pire que ce que j'imaginais... Des morts, oh, tant de morts... et c'était ma faute tout ça.

— Pas que toi. Vous étiez plusieurs, sur le coup-là.

— Tant de morts, tant de souffrance. Des veuves, des orphelins, des familles éplorées. Tout ça à cause de moi et de mon foutu orgueil !

— Arrête de vouloir endosser toute la culpabilité. Tu t'enfonces toute seule, là.

Athéna releva la tête, et ses yeux humides étaient piquetés de minuscules diamants. Elle était plus belle que jamais, et fugitivement, Artémis la désira ardemment. C'était troublant, elle n'avait jamais été intéressée par aucune déesse olympienne, auparavant. Mais Athéna et elle étaient trop complices pour cela, n'est-ce pas ? On n'allait pas risquer tout cela, cet appui indéfectible dont tour à tour elles avaient tant besoin. Les liaisons, c'était toujours compliqué, après la jalousie finissait toujours par pointer le bout de son nez, et ensuite, tout était fichu. De toute façon, ce n'était vraiment pas le moment, là.

— Mais tu sais ce que c'est, le pire ? C'est la deuxième partie. De lui-même, il l'appelle *l'Odyssée*.

— Oh...

— Ça finit bien, tu sais. Ulysse retrouve Pénélope, et je retiens l'Aurore pour que la nuit d'amour se prolonge encore et encore. C'est sûr, ça me donne le beau rôle, la protectrice bienveillante, dévouée et désintéressée. On en oublierait presque que toutes les épreuves qu'il a subies, c'est parce que j'ai contribué à déclencher cette foutue guerre. Mais ce qui me tue vraiment, c'est de savoir la vraie fin de l'histoire, celle que même les Muses n'ont pas osé ressusciter.

— Athéna... tu n'es pas obligée d'en parler.

— Non. Ce mortel, je l'aimais comme un fils, un frère, un neveu, ou que sais-je encore. Je l'ai aimé comme jamais je n'en ai aimé d'autre. Pas même Dédale. La moindre des choses, c'est de lui rendre hommage, de ne pas lui voler sa destinée dans des vers affreusement mièvres. Ulysse, ce qu'il a vécu pendant ces vingt ans loin d'Ithaque, ça l'a brisé. De qui ne serait-ce pas le cas ? J'ai lutté pourtant, j'ai tout fait pour tenter de le rendre à nouveau heureux. Mais, toute déesse que je suis, je ne pouvais pas lui rendre le temps qu'on lui avait volé. Vingt ans, ça compte tellement pour eux ! L'enfance de son fils... les vieux jours de sa mère... les saisons sur sa chère île... Tout ça le rongeait. On raconte qu'il est parti dans un ultime voyage, pour explorer les confins de la Méditerranée, et bien au-delà encore. C'est faux. La vérité, c'est qu'il s'est suicidé. Il a construit un bateau, son dernier. Il s'est éloigné des côtes. Et il a sauté. Les vagues l'ont avalé. J'ai tout vu, et je ne l'en ai pas empêché. J'avais tout tenté pour l'en dissuader, mais sa décision était prise, et je ne pouvais pas aller contre sa volonté. À quoi bon prolonger ses souffrances ? Il ne supportait pas qu'on lui ait volé sa vie, lui qui était si libre d'esprit ! Il était en colère contre le monde entier, à la fin. Même contre moi. Mais j'ai repêché son corps. Avant qu'il ne soit déchiqueté contre les rochers.

Elle pleurait franchement, à présent. Là-bas, sur l'horizon, le soleil se levait doucement, Hélios reprenait son inlassable voyage. Artémis laissa ses chauds rayons lui caresser le visage.

— Mais jamais je n'oublierai. La paix, enfin, sur ses traits. Et je me suis dit : les mortels nous craignent et nous révèrent, mais face à nos fardeaux, face à nos rochers de culpabilité, ce devrait plutôt être à nous de les envier.

Remerciements

Le livre que vous venez d'achever est le fruit d'un été entier d'écriture et des mois de relecture par la suite. Il est un des premiers ouvrages que je mène à son terme (mes camarades de classe de terminale se souviendront peut-être de la fameuse fanfiction Hunger Games…), et cela n'aurait pas été possible sans le soutien des quelques personnes que je souhaite citer ici.

Tout d'abord, je tenais à remercier mes parents, qui m'ont toujours encouragée dans mon désir d'écriture, et sans qui je n'aurais peut-être pas persévéré jusque-là. Je mesure chaque jour la chance que j'ai de les avoir, derrière moi, en soutiens indéfectibles, toujours intéressés par, et fiers de, ce que je fais, et j'en suis extrêmement reconnaissante.

Mais d'autres personnes ont également joué un grand rôle dans mon parcours jusqu'à cet exemplaire papier que vous tenez à présent entre vos mains. En effet, ce recueil a été écrit entre mes deux années de khâgne, deux années sans nul doute intenses, mais aussi incroyablement difficiles pour moi, et est tout entier pétri de mes découvertes intellectuelles mais aussi personnelles faites dans ce contexte. De ce fait, je ne pouvais pas omettre ici les trois femmes auxquelles je dois finalement, en grande partie, ma réussite : Aurélia Sort, Muriel Claisse et

Catherine Fizelert. Encore une fois, merci pour tout ce que vous m'avez apporté.

Merci également à Margaux, la première lectrice de ce recueil, et à toutes celles qui depuis l'internat ont accompagné et soutenu ce projet : Camille, Élodie, Alice, Manon, Laure, Lucie et Alice.

Merci à mes plus fidèles lecteurs et surtout proches amis depuis le lycée, Emma, Paul et Agathe, vous qui m'avez toujours encouragée et poussée à continuer mon chemin, jusqu'à cette page précise. Merci d'avoir toujours cru en moi.

Et enfin, j'honore ma très lointaine promesse de te mentionner dans mon premier livre publié : merci à toi, Alix, ma toute première lectrice, pour qui j'ai écrit mes premières histoires consistantes, ces récits que je créais au lieu d'écouter, je l'avoue, en cours. C'était il y a bientôt dix ans, mais je n'oublierai jamais que c'est toi qui m'as motivée à écrire sérieusement pour la première fois.

Table des matières

Cœurs battants 7
    Incipio 9
    Mouton noir 14
    Amor aciem praestringit 21
    La fille qui voulait devenir une sylphide 28
    A nos rêves d'enfant 33
    Jeux follets 40
    L'étincelle féconde 46

Cœurs rocheux 51
    Longue vie au roi ! 53
    Catabase apollonienne 61
    La décision 68
    Une infime erreur 73
    Extinction des feux 80
    Des cartes contre l'éphémère 88
    Adieu Eden 93

Mots en cœur 101
    Thesaurum dolore invenio 103
    Canicule 111
    Une simple histoire de fleuve et de baobabs 117
    Ces mystères qu'on n'éclaircira jamais 123
    Alter Ego 132
    Les belles photos 139
    Conversation entre déesses 147

Imprimé en Allemagne
Achevé d'imprimer en novembre 2021
Dépôt légal : novembre 2021

Pour

Le Lys Bleu Éditions
40, rue du Louvre
75001 Paris

Lightning Source UK Ltd.
Milton Keynes UK
UKHW011045231121
394456UK00014B/1315